JN047380

顔は言葉でできている!

松本千登世

講談社

顔は言葉でできている！

〈はじめに〉
顔を作るのは言葉！

コンビニエンスストアのレジ前で店員の女性に「お大事に」と言われたのが、この本が生まれるきっかけになりました。見ず知らずの人からかけられた何気ないひと言に、平凡な日をモノクロからカラーに変える力があったなんて！　この言葉によって、眉間にシワを寄せた顔から口角と頬が上がった顔へと、一瞬にして私の顔が変わったのがわかりました。そのとき確信したのです。大人の顔は、こうしてできあがる、と。

大人になるほどに「顔つき」が「顔立ち」を超えていく

のを感じていました。顔立ちとは、顔の形や作り、目鼻立ち。顔つきとは、気持ちを表す顔の様子、表情。つまり、時間を重ねるごとに、気持ちが顔の形になり、作りになり、目鼻立ちになり、持って生まれた顔が変化していく……。だから、私たちの今の顔は、何を感じ、どう生きているかがそのまま顔に刻まれた結果に違いない、と。すなわち、これからの顔は、意志で作ることができると言っても、過言ではないと思うのです。

冒頭の言葉を始め、瞬時に気持ちを変えた、顔が変わったひと言を、ストーリーとともに綴りました。ありふれた日常に、顔つきを育てる「宝物」が無限にある。自分のまわりにも、たくさん。この本がそんな小さな気づきに繋がれば、この上なく嬉しく思います。

目次

3 自分を知り、慈しむ ～唯一無二と気づかされる言葉

4 未来にときめく ～年齢を重ねるのを面白がれる言葉

心を染める言葉　113

5　通りすがりに、宝物　〜すれ違う人からの温かい言葉

6 まるで、小さな哲学者 ～子供たちのまっすぐな言葉

7 絆をさらに愛おしく ～家族や友人からの温かい言葉

8 たかが服、されど服 ～「装う＝生きる」を知る言葉

美しさはすぐそこに

～美容の意味と価値を知る言葉

1

Beauty is right there

Words to know the meaning and value of beauty care

1話

「『誰にも見られてない』って、人を変えるよね」

「マスクありき」が常識になり、世の中がゆっくりと動き始めたころ。仕事仲間に会うたび「久しぶり！」「元気だった？」のあと三言目には、必ずと言っていいほど「顔」のことが話題に上りました。「メイク、どうしてる？」「ファンデも口紅も、つけなくなっちゃった」「肌荒れがひどくて」「にきびまでできた」。そして「たるむよね」には、一同「わかる、わかる！」。マスクをしていると声を張らない、表情が乏しい。表情筋を使わないから、知らず知らずのうちに「たるみ」が進行している……、マスクが5歳も10歳も老けさせている!? ああ、怖い。皆で大いに盛り上がっていたとき、ひとりがこんな話をしてくれました。「姪がね、スーパーマーケットでアルバイトをしているんだけど、彼女が言うには、最近、小さなことで『クレーム』をつける人が増えているらしいの。『ステイホームが長く続いたから、皆、苛立っているのかもね』と言ったところ、彼女が『もちろん、そうなんだと思う。でも、ね、マスクをしているから、言いやすいんじゃないかなあとも思うの。顔の半分が隠れていると、自分とわからないからと無意識のうちに遠慮がなくなって、つい、図太くなる。だから、普段なら言わないことも、つい口をついて出るんじゃないかって』。思わず、はっとさせられたの。マスクの本当の怖さは、ここにあるのかもしれないと思って」。そして、こう続けたのです。「『誰にも見られてない』って、人を変えるよね」。

顔をたるませるのも、態度を図々しくさせるのも。これらをあえて「老化」と呼ぶなら、老化を引き起こすのは「どうせ、見られていない」という心なのかもしれません。誰かに会うからこの服を着よう、この口紅を塗ろう。誰かに会うから口角を上げよう、背筋を伸ばそう……。裏を返せば、誰にも会わないことが口角を下げ、背筋を縮ませるのじゃないか、そう思うのです。「マスクの本当の怖さ」という言葉が、心に響きました。

形は変われど、マスクとの付き合いはもう少し続きそうです。だからこそ、マスクをつけているときは、意識したいと思うのです。ほかの誰でもない、自分が自分をいちばん近くで見ている、と。

2話

「気づかれるのが、目的じゃないでしょ？」

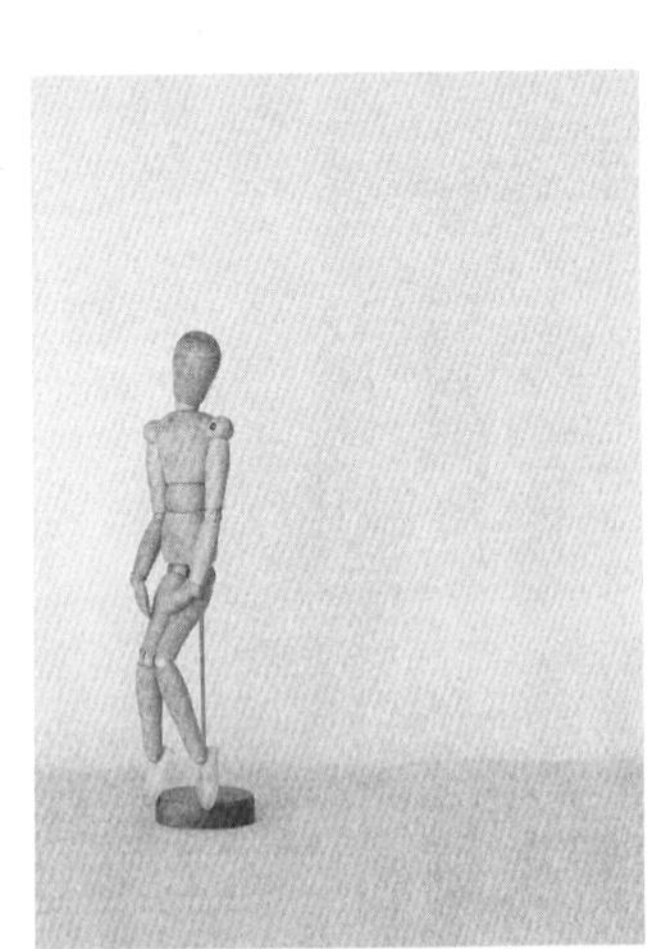

思い切って髪を切ったのにはきっかけがありました。それは、取材でよくお目にかかる大好きな俳優の井川遥さんが、髪を切ってさらに輝きを増し、溜め息が出るほど素敵だったから。もちろん、真似をしたからといって同じにはなれないこと、頭ではわかっていながら、井川さんみたいに軽やかでみずみずしい人になりたいという「本能の声」が聞こえたからでした。「真似していい？」と許可を取った上で、早速、同じような髪型を目指して、カット。自分の中では、大きな変化……、だったはずなのに、じつはまったくと言っていいほど、まわりには気づかれませんでした。ちょっと拍子抜けして、親しい友人には

「髪、切ったの」と自己申告をする始末。そして、井川さんに会う日。気づいてくれるかな？　なんて言われるだろう？　少しだけどきどきしながら、その場に向かいました。もちろん、私の変化に気づいてくれて、「いい感じ」と褒めてくれた彼女。それに対し、私はちょっとだけ自嘲気味に笑いながら、「あまり、まわりに気づかれないんだけど、ね」。すると……！　「気づかれるのが、目的じゃないでしょ？」。

そう、気づかれるのが目的じゃない。素敵になることが目的。私の中では、井川さんみたいに軽やかでみずみずしい人に近づきたいというのが目的だったはず。柔らかい声で発せられた、でも鋭い指摘に、思わず膝を打ちました。

友人に「自意識」と「美意識」には大きな差があると言われ、はっとしたことを思い出しました。もっと綺麗になりたい、もっと素敵になりたいと思うのは素晴らしいことだけれど、「私が、私が」「見て、見て」となるのは違うよね、と。だから、鏡との対話に終わるのでなく、まわりや時代の空気を感じながら、自分を俯瞰（ふかん）できる人が美しいのだと、その人は言いました。だから、自意識じゃなくて美意識。もちろん、無意識だったけれど、恥ずかしながら私は「気づいてほしい」と思っていました。それはすなわち「褒めてほしい」ということにほかならない。いけない、いけない。「もっと」という気持ちが、知らぬ間に、美意識でなく自意識になっていました。私の「大人修業」は、まだまだ続くようです。

3話

「自由になれて、よかったですよね」

新たに発売されるシャンプー&トリートメントの体験型発表会に参加しました。私の施術を担当してくれたのは、普段、サロンに勤めているというヘアスタイリストの男性でした。製品について説明を受けたあと、シャンプー台へと移動。髪を洗ってもらう間、「最近、サロンの状況はどうですか?」と尋ねてみました。コロナ禍でサロンを訪れる人が減ったり、頻度が減ったりしていると聞いていたから。すると、「そうですね。回数が格段に減った人もまったく来なくなった人も、確かにいます。でも、その半面、以前より頻繁に来るようになった人も増えているんですよ。それまで、できなかったスタイルやカラーに挑戦

したいからと言って、ね」。どうせ人に会わないのだから「思い切ってブラウンにしてみようと思って」、どうせリモートワークなのだから「思い切ってショートにしてみようと思って」という人がひとり、またひとりと増え、今ではもっと踏み込んだリクエストをする人や、髪の質をよりよくするためにプロのトリートメントを受けたいという人も多くなったそうです。職業柄、人に会うことが多いとか、会社員だからとかさまざまな理由で、したい髪型やなりたい自分を我慢していた人が多かったことに、改めて気づかされたのだと、彼は言いました。そして、ひと言。「いずれにせよ、自由になれて、よかったですよね」。

サロンに行かなくなった人と、サロンに通うようになった人と。表面的な行動だけを捉えると両極に思えるけれど、そのじつ、理由は両者とも同じでした。「他人に見られる自分」や「社会と触れ合う自分」から解放されたこと。きっかけはコロナ禍というネガティブな出来事だったけれど、どうありたいか、どう生きたいかを自問するいい機会になったのだと思います。どちらも正解、どちらも自分らしい。そう、「自由になれて、よかった」。

ずっと挑戦してみたかったと言って「金髪」にした編集者の女性に会いました。ショートボブがより格好よく映え、「うわあ、似合う!」と皆、大絶賛。幼稚園に通う娘さんにも「ママ、プリンセスみたいで素敵」と言われたそうです。一歩を踏み出した先に、もっと自分らしい自分がいる。以前より、逞しくなった自分たちを少しだけ誇らしく思うのです。

4話

「初めて『見られる自分』を意識したんだよね」

「男性たちが、美容に目覚め始めているらしい」。会議や打ち合わせ、撮影などで会う仕事仲間との雑談で、立て続けにそんな話になりました。ただ、皆が話題にしたのは、昨今、若い世代を中心に高まりつつある「ジェンダーフリー」の意識からくるものではなく、大人の男性だからこその「気づき」みたいなもの。中でも印象的だったのは、ある女性ヘア&メイクアップアーティストの話でした。「男性の友人とたわいのない話をしていたときに、突然、『顔、なんとかしたいんだけど、どうしたらいい?』って聞かれて。えっ、どういうこと? とよくよく聞いてみたら、どうやらオンライン会議で、画面に映る自分の顔

にはっとしたらしいの。俺って、こんなに顔色が悪かったんだ、俺って、こんなに表情が暗かったんだ。怖く見える？　疲れて見える？　そう思ったんだって。造作は変えようがないけれど、せめて、明るく元気な印象に見せたいんだよね……、そう思った末の『どうしたらいい？』だったの。女性は、少なからず、まわりの視線を気にして、日々、鏡と向き合っているでしょう？　だけど、男性は、そういう意識で自分と向き合う機会がなかった人が多いんじゃないかなあ。初めて『見られる自分』を意識したんだよね、きっと」。

私を含め、多くの女性は、メイクやファッションが「社会性」と切っても切れない関係にあることをよく知っています。優しい印象を醸し出すためにピンクベージュの口紅、凛とした印象を醸し出すためにシャツとパンツ、といった具合に、どんなふうに見られたいかを見た目で表現している気がするのです。一方、多くの男性にとって、社会性という言葉はどこか仕事そのものとワンセットみたいなところがあって、最低限の身だしなみを除き、見た目は二の次、三の次、だったのかもしれない。あくまで想像だけれど。

見た目を正しく意識し、整えることがどういう意味を持つのか、その「本質」を教えられた気がしました。見た目から自分に自信を持つ、すると、まわりと気持ちよくコミュニケーションが取れる。自信と気持ちよさが巡る……。見られる自分を知ることは、自分が自分を知ること。男性も女性も関係なく。新しい時代はすでに始まっています。

5話

「もう、元には戻れないの」

読者女性のメイクやヘアスタイル、洋服などを替えて、美しさをアップデートする、いわゆる「変身企画」。私自身も、幾度か担当した経験があります。そのたび、美容やファッションには想像以上の「威力」があるのだと、痛感させられていました。ちなみに、手の内を明かすと、当時「ビフォー」と「アフター」を逆の順序で撮影することがありました。先に完璧に仕上げてメインで見せたいアフターを撮影。それからポイントメイクを落とし、ヘアを無造作にまとめ直して、サブとして扱うビフォーを撮影する、といった具合に。そのほうが、誌面のクオリティが上がったり、効率がよかったりする場合があるから。今は

もう、そんなことはないけれど。そして、ビューティ・ライフスタイルデザイナーの藤原美智子さんにお目にかかったとき、たまたま変身企画の話が飛び出しました。

「ビフォーとアフター、あえて順序を逆にして撮影したいと言われる場合があったでしょう？　でも、ね。それって、絶対に無理。一度、美しい自分を知ると、たとえ、メイクや洋服を戻しても、もう、元には戻れないの。生き生きした表情は、どうしたって、隠せないのよね。人って、本当に面白い！」

その通りだと思いました。企画の目的は、ファッションやヘア&メイクで、一時的に外見を変えて写真に収めること。でも実際には、「えっ、本当に私？」というとびきりの自分に出会ったときめきが、脳内物質の分泌を促し、気持ちをすっかり変えて、結果、本当に見た目を変えてしまったのです。これこそが、見た目が気持ちを変え、気持ちが見た目を変えるという、何よりの証明ではないでしょうか？

この話をまわりの女性たちにしたところ、「なるほど！」と大盛り上がり。誰からともなく「髪を切りたくなった」とか、「新しい洋服、買いに行こうかな？」とか。そして、全員の結論。「大人は、自分に新しい自分を見せる心がけが必要なんだね」。

たとえ、小さなときめきだったとしても、それを知ると、私たちは「もう、元には戻れない」。新しい自分を積み重ねた先に「素敵」が待っているに違いありません。

6話

「大人の眉は、人生を語っているんですね」

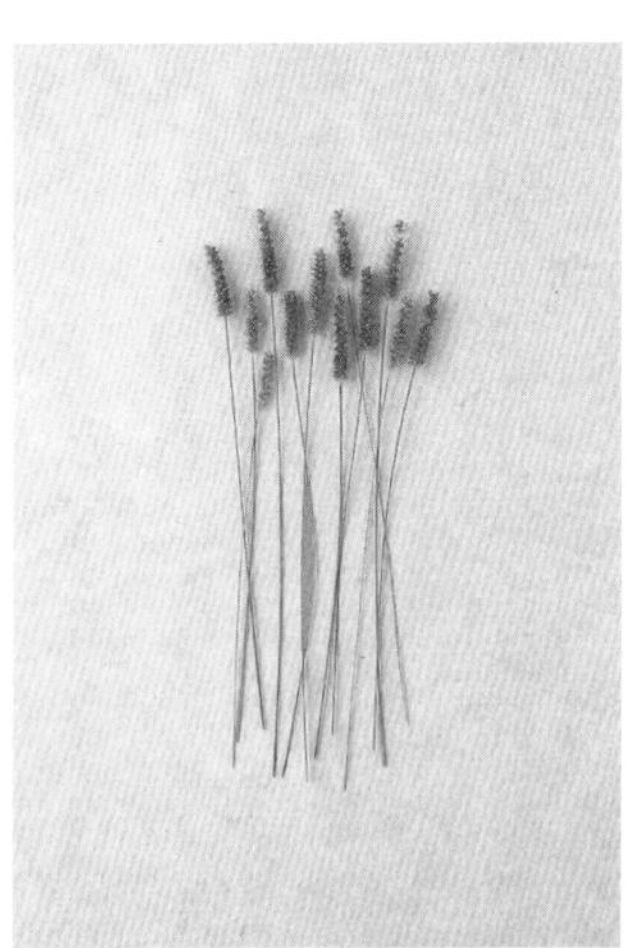

取材で「眉」について考察する機会をもらいました。確かに、眉は、ほかのどこよりも「トレンド」に左右されるパーツ。改めて、その変遷を振り返ると、時代背景や理想の女性像が透けて見えて、とても興味深いと思いました。さらに気づかされた事実があります。それは、眉という言葉が含まれる慣用句には、人の感情を示すものが多いこと。「眉を上げる」「眉を曇らす」「眉をひそめる」「眉を開く」、果ては「眉を読む」……。目や口では隠し通せても、眉には本当の感情がにじみ出る、そういうことなのでしょう。

じつは、年齢を重ねるほどに、最近になって特に、「生まれつき」が一生続くと思っていた眉の形が、大きく変化していくのを感じていました。上まぶたがたるむから、額の筋肉でまぶたを持ち上げようとして、眉山が上がる。老眼で見づらいから、眉間にシワを寄せることが多くなって、眉頭が下がり、中央に寄る。フェイスラインが緩み、たるむから、目元が下がり、眉尻も下がる。そう感じているのはきっと、私だけじゃないはず。誰もが、年齢とともに、眉の「への字」化が進んでいるに違いないと思うのです。

怒っているつもりはないのに「怒ってる?」。不機嫌なつもりはないのに「機嫌、悪い?」。ただ普通にしているだけなのに「どうしたの?」「何か、あった?」。こんなふうに心配される機会が増えたなら、それはもしかしたら、眉のせい……? 私の毎日が眉に刻まれているのだと改めて気づきました。笑顔の時間が長ければ、穏やかな眉に。しかめっ面の時間が長ければ、険しい眉に。決して、嘘はつけないのだって。ああ、怖い。

年下の女性ばかりが集まった席で、この「気づき」について熱く語りました。少しだけ先輩として、今から、穏やかな眉になるような毎日を過ごす心がけが必要だというアドバイスを込めて。すると、中のひとりがひと言。「大人の眉は、人生を語っているんですね」。どきりとさせられました。私の眉には、どんな人生が見えるのだろう? どんな思考、どんな生活が見えているのだろう? もう一度、自分の眉に向き合いたいと思います。幸せな時間が見える眉を目指して。

7話

「だって、髪は『生活』だから」

ロングにこだわっていたわけではないのに、なぜか切れないでいた髪。いざ、切ってみると「もっと早く切ればよかった」。顔の表情がフレッシュに映る、全身のバランスもフレッシュに映る、服もジュエリーもフレッシュに映る、だから毎日が楽しい。まわりに「髪が短いと洗うのも乾かすのも、毎日『楽』でしょう?」と言われるたび、あえてこう返すようにしているくらい。「ううん、『楽』というより、毎日『楽しい』の」。

親しい女性ヘア&メイクアップアーティストにそんな話をしました。ヘアスタイル、とても似合ってますよと褒めてくれたので、つい調子に乗って。すると、もともと美容師としてサロンに立っていた経験を持つ彼女は、こんなふうに語ってくれました。

「私たちって、切ったその日からずっとお客様の『その後』が気になっているんですよ。当日、気に入ってもらえるのはもちろん嬉しいのだけれど、あわよくば、2週間後くらいに『このスタイル、好き』と思ってもらいたい。そのために、予想して計算してカットするんです。だから、もし、毎日が楽しいと言ってもらえたら、この上なく嬉しい。だって、髪は『生活』だから」。そして彼女はこう続けました。「ぜひ、髪を切った方にその言葉を伝えてください。きっと大喜びすると思う」。

髪は生活。女性なら誰しも、髪がいかに生活に関わっているかを実感しています。洗って乾かして、扱いやすいと嬉しくて、寝て起きて、扱いやすいと嬉しくて。出かける前に『よし』と思えたら、今日は最高だし、帰ってから『よし』と思えたら、明日も最高。自分の髪を好きか嫌いかで、人生のクオリティが違ってくるとさえ、思っています。それなのに、実際、その幸せをもたらしてくれる人への思いを忘れてはいなかっただろうか。私の生活を楽に、楽しくしたいと、思いを寄せてくれている人がいるのに。もう一度、自らに言い聞かせたいと思いました。

髪だけではないのだと思います。毎日を幸せにしてくれているものは、まわりを見回せばたくさん。それぞれに感謝の念を抱くと、さらに毎日の幸せが増す気がしてきました。

8話

「堂々としていればいいんですよね」

ある俳優の女性へのインタビューで「赤口紅」の話になりました。その人は赤の口紅が似合う大人の格好よさに憧れていたこと。何度も挑戦してきたけれど、そのたびどこか違和感があり、未だ憧れの大人になれないこと。一方で、若い世代の女性が赤の口紅を普段着感覚で、軽やかにしなやかにつけこなしているのを、うらやましく感じていること……。

「でも、あるとき、思ったんです。もしかしたら、この違和感は自分だけのものじゃないか、ただ、見慣れていないだけなんじゃないか、似合わないと決めつけているのは、私自身なんじゃないか、って。似合わせたいなら、つけたい赤の口紅を塗って、堂々としてい

ればいいんですよね。それが、まわりから見たら『似合う』ということ……」

じつは、「堂々としている」は、ここのところ、私の中でキーワードになっていました。「この服、時代遅れじゃないだろうか?」「この口紅、場違いじゃないだろうか?」。ファッションやメイクなどの見た目はもちろん、言葉も行動も、ひいては生き方そのものまで。知らず知らずのうちに、まわりの様子を窺って、時代の空気を読みながら、「浮かない人」「沈まない人」を演じるのが癖になっていた気がします。本当は、着たい服を着て、つけたい口紅をつければいいのに。自分の「好き」に素直に、自分の「したい」を楽しめばいいのに。迷いなく、焦りなく、後ろめたさなく、堂々としていれば、それが唯一無二の格好よさになるのに……。思えば、私が憧れている大人は皆、堂々としているじゃない?

私も、堂々としよう、と心に決めました。そのためにはまず、いつもいつでも、好きな顔、好きな格好でいることから始めたいと思うのです。家にいるときも、散歩をするときも、打ち合わせをするときも、お酒を飲むときも、いちいち、メイクや服を楽しむ。誰にも会わなくても赤い口紅を塗ったっていい、どこにも行かなくてもダイヤモンドのピアスをしたっていい。いや、ノーメイクや普段着こそ、意志を持って選ぼう。自分を楽しませること=生き生きと生きること。個性は堂々としていることから生まれると、彼女のひと言に教えられた気がするのです。

9話

「ほうれい線、深くなってるよ！」

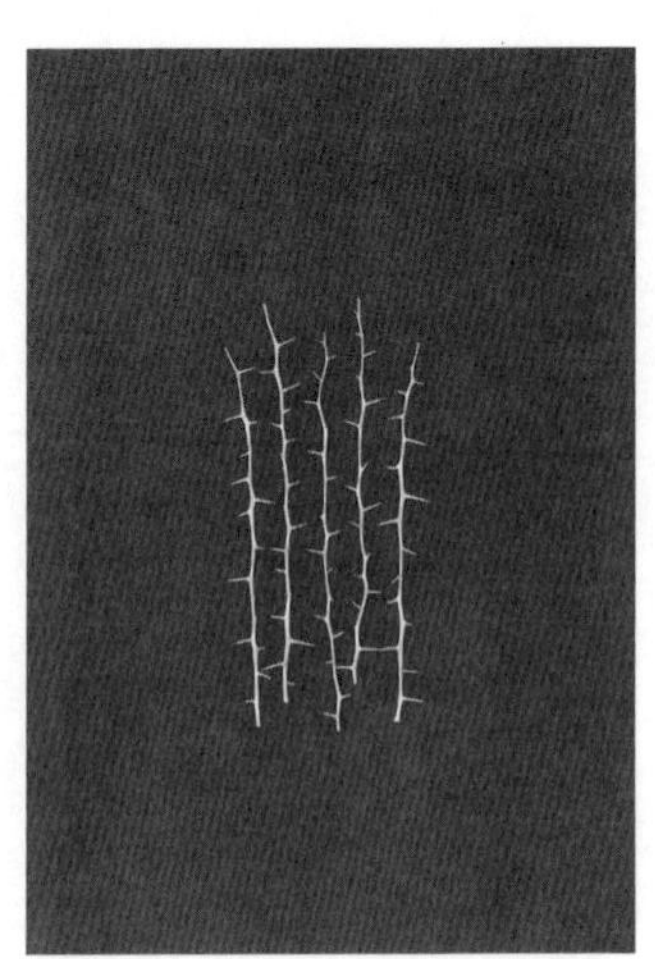

誰からともなく「乾杯」をしようと誘い合い、定期的に集まっていた、私を含めて女性3人。知り合ったきっかけは仕事だったけれど、そして、ふたりとも私よりひと回りほど年下ながら、何でも言い合える、一緒に笑って泣ける、ときには真剣な議論もできる、大切な大切な友人たちです。このような状況になってからは、思うように会う機会を作れず、もどかしく思っていました。それが「早く会いたいね」から「いつ会えるかな？」になり、「久しぶりに会おうよ」になり。そこで、まだ日が高い時間から馴染みのビストロで集まることにしました。以前のように乾杯をして、「どうしてた？」「どうしてる？」と会話を

しながら、食事を進めていた、そのとき。うちひとりが私に、ひと言。

「あっ、ほうれい線、深くなってるよ！　だめだめ！」

心当たりがありました。最近、肌が荒れるとか、口紅が見えないとか、ファンデや口紅が付くとか、そもそも面倒だとか、マスクを嫌がりながらも、一方で、顔の「下半身」を隠せるのって便利と、マスクに甘えている自分も感じていたから。その下で、「老化」は静かに進んでいるのだろうと想像していたから。自分では、昨日も今日も、朝も夜もさほど変わらないと思っていたけれど、日々顔を合わせる家族や仲間はまったく気づかないけれど、こうして時間を空けて会う親しい友人には差がわかる……。「大変！　口角を上げなくちゃ」と言い合いながら、たくさん食べて、たくさん笑って、夕空から夜空へと移ろう美しい時間に、家路についたのでした。じつは私、このひと言とあの空気を思い浮かべては、「幸せ」に包まれています。顔色も表情も含めて私の「顔」を見ていてくれて、言いにくいはずのこともはっきりとまっすぐに伝えてくれて、でも、でも、笑い飛ばしてくれて。自画自賛ながら、仕事も年齢も環境も違う大人同士、こんな親密な関係を築けた私たちって、最高じゃない？　と誇らしく思っているのです。

自由を奪われたときだからこそ得られた感動や幸せもある。心身に蓄えたこのエネルギーが、本物の自由をさらに確かなものにする。そんな気持ちでいっぱいです。

美しさはすぐそこに
～美容の意味と価値を知る言葉

相手の目を見つめて、思い切り笑えること。どういう自分なら、そういう状態でいられるのか？　そのために今できることは何だろう？　年齢を重ねるほどに、私にとってその答えは、どんどんシンプルになっています。日々のネガティブな感情を跳ね返して記憶しない、ツヤやハリのある肌を作ったり、新しいメイクアップやヘアスタイルに挑戦できる顔や髪の素材力を育てたり。過去を振り返って、溜め息をつきながらあのころの自分を再生するよりも、未来を見渡して、変化を面白がりながら今日の自分を更新していくことのほうが、ずっと楽しいし、「私」として堂々とそこにいられると気づいたからです。思考や行動のベクトルを少し変えるだけで、心持ちは大きく変わる。それは、意志で叶うことなのだから。

1

Beauty is right there

Words to know the meaning and value of beauty care

もっと、高みへ
～プロフェッショナルの崇高な言葉

2
Higher and higher
Professional noble words

10話

「気持ちがわかるなんて、最強じゃない！」

公私ともに仲のいいヘア&メイクアップアーティストの女性。いつ会っても、笑顔が映える、明るくて艶やかで健やかな肌が印象的な彼女。ところがその日は、突然、吹き出物と肌荒れに見舞われて悩んでいるのだと言いました。「マスクで隠せるからよかったんですけど」と言いながら見せてくれた顔は痛々しいと感じるほど。病院は？　原因は？　とさんざん話したあと、彼女はこう言ったのです。「肌がどれだけ心に影響するか、よくわかりました。今まで他人の気持ちがわかってなかったと反省したんです」。

私にもその経験がありました。20年ほど前。当時、2歳になったばかりでやんちゃ盛りの甥と思いきりじゃれ合っていたところ、「水疱瘡（みずぼうそう）」をうつされました。いきなりの高熱に苦しんでいるうちに、背中やお腹に水疱が現れ始め、腕にも脚にも、首にも顔にも、とうとう頭皮にもと瞬く間に全身に広がって痛いし、痒いし、鏡を見たくないほどの状態に。あの辛さは、何にも比べられないものでした。1週間ほどで症状は落ち着き、通常の生活ができるまでに回復したものの、体中、顔中に水疱のあと。ニット帽に眼鏡、マスクと、できるだけ顔を隠しながら、仕事を再開しました。そんなある日。打ち合わせで会ったグラフィックデザイナーが、「大変だったね」。同じ雑誌に関わっていて、毎日のようにやり取りをしていた男性でした。うん、大丈夫大丈夫と強がったけれど、この赤みは消えるの？凸凹は消えるの？　一生このままだったらどうしよう？　と内心、かなり落ち込んでいました。そんな私の気持ちを知ってか知らずか、彼はこう言ったのです。「職業的に、いい経験をしたよね。肌に悩みを抱える人の気持ちがわかるなんて、最強じゃない！　もっといいページが創れるよ。よかった、よかった」。

心が軽くなりました。心も一日も人生も肌に支配されているという真実を、身を以て知った今、言葉に説得力が増すはず。想像だにしなかったアングルからのひと言に、救われた気がしたのです。もう一度、原点に立ち返りたいと思いました。シワもシミも含めて、この肌に感謝しよう。何気ない一日に、何気ない人生に感謝しよう、と。

11話

「言い換えることから、始めない？」

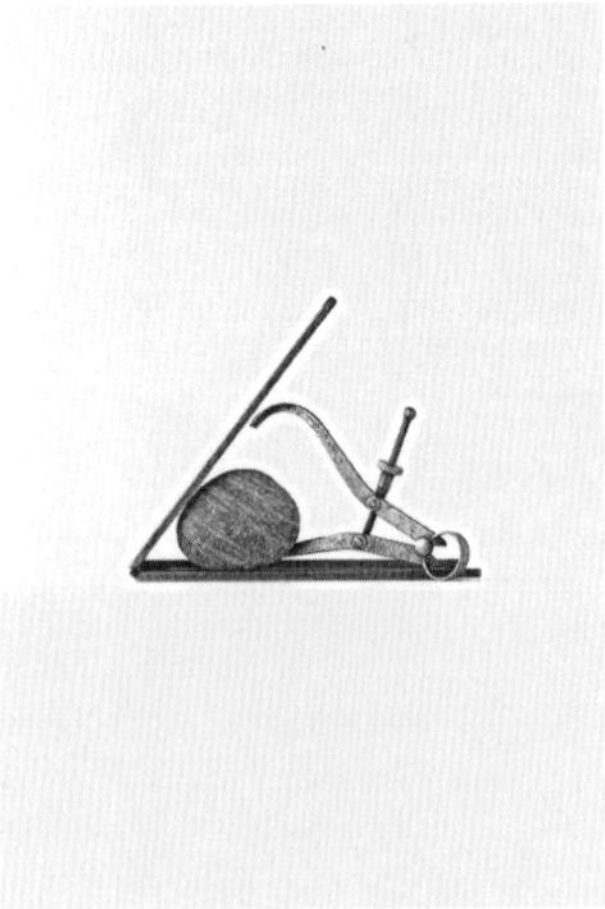

モデル撮影をするとき、テーマに合うイメージを模索するために、フォトグラファーは何枚も何十枚も撮影します。その間スタイリストやヘア&メイクアップアーティスト、編集者やライターなど、関わるスタッフ全員でパソコンのモニターを囲み、ああでもない、こうでもないとそれぞれの立場のこだわりを確かめながら、ベストな「一枚」を探るのです。その日もそうでした。ヌードメイクのイメージカット撮影。ちょっとした顔の角度や目線の向きの違いで、色っぽく見えたり格好よく見えたり、印象がまるで違う。一カット一カットに対して「これ、嫌いじゃない」「私も、嫌いじゃない」「これも、悪くないよね」

「これも、悪くないいんじゃない？」……。すると、スタッフのひとりが、ひと言。『嫌いじゃない』も『悪くない』も、なんだか違和感があるの。言い換えることから、始めない？」。「嫌いじゃない」は、「好き」なのか「どっちでもない」のかとても曖昧。「悪くない」は、「いい」のか「どっちでもない」のかこれまた曖昧。皆のムードから察するに、きっと、好き、いい、と思っている気がする。そうなら、はっきり伝えようよ。言葉を変えようよ。彼女が言いたかったのは、こういうことでした。どきりとさせられました。

いつのころからか、好き、の幅を広げて、嫌いじゃないと言い、いい、の幅を広げて悪くないと言い……。私自身、違和感を抱きながらも言い出せないでいるうちに、鈍麻していました。なぜ、違和感があるのか？　改めて自らに問いかけ、思考を重ねると、嫌いじゃないも悪くないも、自分の言葉に「責任」を持たないで済むように聞こえるからでした。つまりは、答えに両者の間の「グラデーション」を残しておくことで、まわりの意見を聞いたり態度を見たりして、どちらにも転べるようにしておく、みたいな。恥をかかないように？　傷つかないように？　考えすぎでしょうか。

振り返ると、撮影時の会話は、すごく好き、すごくいいの気持ちを言い換えたものだったと、確信します。だからこそ、これからは、何に対しても言い換えることから始めたいと思うのです。すごく好き、すごくいい、私は自信と誇りを持って、断言するよ、と。

12話

「『仕方なく』から『喜んで』に変わった気がするの」

半ば強制的ではあったものの、テレワークを体験して「何か」に気づかされた人は多いのではないでしょうか。今までの働き方にたくさんの無駄があったと初めて気づかされた人。直接、目と目を合わせてコミュニケーションを取ることの大切さに改めて気づかされた人。テレワークが不可能なエッセンシャルワーカーの存在が、私たちを支えてくれているというシンプルな真実に気づかされたという声も聞きました。いずれにせよ、私たちは、この気づきを知恵や工夫に変え、敬意や感謝に変え、それぞれの形で進化していくに違いない。そう、思っていました。そんな折、打ち合わせで数年ぶりに会ったグラフィックデザイナーの女性。マスクで顔の下半分が隠れていたものの、だからこそ、肌の透明感や瞳の輝きがより際立っていて、会わなかった日々がいかに充実していたか、ひと目でわかりました。「テレワークになった当初、どこにも行かない、誰にも会わない、だから、何時に起きても、どんな格好でもいい、『なんて楽なの！』と思ったんですよね。ところが、そんなある日、『これでいいの？』という気持ちが芽生えたの。朝は早めに起きよう。背筋が伸びる服を着よう。すると、食事をきちんと摂るようになり、夜は早めに眠るようになり……。そして、仕事がスムースに進むようになったんです。誰かに見られているわけじゃないのに、ね」。仕事はもちろん、食事も睡眠も、入浴も家事もと、自らの意志で行動し始めたら、一日が気持ちよく整い始めたと言うのです。うんうん、わかるわかる！　頷きながら聞いていたところ、彼女はこう締めくくりました。「仕事に対する気持ちが、『仕方なく』から『喜んで』に変わった気がするの」。

じつは私も、感じていました。時間に追われていたときは、「仕方なく」が積み重なって、すべてに後ろ向きになっていたこと。意図せず、仕事の動きが一瞬止まったり緩やかになったりしたことで、余裕が生まれ、時間を追いかけることができるようになったこと。すると、不思議と「喜んで」に変わり、前向きになったこと……。働くということ。暮らすということ。かけがえのない幸せはここにある。その確信はこれからも続きます。

13話

「『何となく』や『仕方なく』に宝物があるかもしれないのに」

Red Yellow Blue

その日は、少しかしこまった場所で仕事仲間とランチ。集まったのは少人数ながら、久しぶりの再会に、場は大いに盛り上がりました。コロナ禍という状況を経験して、皆の意識や行動はどう変わっているの？　美容は、雑誌は、これからどう変わるの？　そして、ひょんなことから「新社会人」の話題に。ある女性がこんな話をしてくれました。「私たちの会社って『褒めて伸ばす』社風なんですね。基本的に好きなこと、得意なことが生かせる部署に配属されるんです。個性を重んじる今だからこそなおのこと、上司や先輩は、新人が何をしたいか意思を引き出し、よいところを伸ばすようにと言われるんですよ」。なんて素晴らしいんだろう！　確かに嫌なこと、不得手なことを渋々するよりも、遥かに健康的で効率的。結果、集団としての「力」も「可能性」も伸びる、広がる。その会社の人たちがのびのびと、生き生きと働いている理由がわかった気がしました。ただ……、恵まれた環境をうらやましく思う一方、じつは自分を新社会人の立場に置き換えて、心の中でこう呟いていました。『何となく』や『仕方なく』に宝物があるかもしれないのに」と。

よくも悪くも日本の学校教育は、「得意を伸ばす」よりも「不得意を克服する」ことに力点が置かれていると言われます。改めて思い返すと、私自身の価値観の根幹もそれによって形成されている気がします。得意を伸ばすより不得意を克服する、つまりは得意も不得意も作らないよう、平均的にバランスよく、が目標。その目標に向かう「レール」に乗っているうち、ふと気づくと何が好きで何が得意か、自分自身わからない、という……。そんな私の場合、何となく働き、仕方なく働き、でもその中に「これ、好き」「これ、得意」という出合いがあった。何となくや仕方なくがくれた気づきや学び、高揚感や充実感が、今の自分を創り上げてくれたと言っても過言ではないのです。

興味や関心があることにばかり誘導される、今という時代。その利便性は享受しながらも、何となくや仕方なくにも少しだけ意識を向けたいと思います。宝物が転がっているかもしれない。好きや得意、楽しさや幸せに繋がる出合いがあるかもしれないから。

14話

「よくできました、100点満点。でも……、つまんない」

さまざまな分野で活躍するスタイリスト、中里真理子さん。私は、あるフォトグラファーの紹介で10年ほど前に知り合いました。仕事をお願いするたび、私の想像をいい意味で裏切り、はっとさせ、結果、何倍も何十倍も格好いいページにしてくれる人。立場は違えど、いつも刺激を受けている存在です。そんな「真理ちゃん」と一緒に撮影中、私たちはカフェオレ片手にたわいのない話をしていました。きっかけは「雑誌論」だったでしょうか、それとも「子育て論」だったでしょうか。彼女がこんな話をしてくれました。「スタイリストのアシスタントとして仕事を始めたばかりのころ、『師匠』に言われた通りに一生懸

命、ものを集めてきたの。すると師匠が『真理ちゃん、よくできました、100点満点。でも……、つまんない。200点か、20点か。どっちかにして、私を驚かせてほしいの』と。要求には完璧に応えているけれど、あくまで想定の範囲内。『予想外』にこそ醍醐味があるということだったみたい。この言葉が私の『核』になっているんです」。

思わず、「えーっ、面白い」と声を上げてしまうほど、心にぐぐっと刺さりました。学校でも会社でも、仕事でも子育てでも失敗はしたくない、はみ出すのが怖い。今という時代、特に日本では、浮きすぎない、埋もれすぎない、「優等生的生き方」が安心、みたいなムードが定着しています。でも、それではつまらない。心のどこかでぼんやりとそう思っていました。そして、樹木希林さんの「楽しむのではなくて、面白がることよ。楽しむというのは客観的でしょう。中に入って面白がるの。面白がらなきゃ、やってけないもの、この世の中」という言葉を引き合いに出しながら、彼女はこう続けました。「楽しむは『受動的』。面白がるは『能動的』。大きな違いだと思いません？」。私は面白がっていただろうかと自問しました。とりわけ、仕事に関して、どうだったろう、と。楽しもうとはしているつもり、でも、面白がろうと一歩踏み込むと、「確執」や「煩わしさ」が付きまとうことも知っているから、知らず知らずのうちに避けていた。そんな自分が当たり前になっていたことに気づきました。面白がらなくちゃ。そこに「私らしさ」が宿ると信じて。

15話

「ここじゃ、美しいものを創れない気がするんだよね」

その日は、早朝からのモデル撮影。終日大雨の予報、今にも降り出しそうな重苦しい空を見上げながら、まだ人がまばらな電車に乗り込みました。向かったのは、撮影場所である、都内中心部の超高級マンションの一室。大好きなスタッフであることに加え、自分では決して住むことができない場所に「お宅訪問」できるようで、わくわくしていました。いざ到着してみると、メゾネットに広いテラス、オープンキッチンと、溜め息の連続。私同様、初めてそこを訪れたという男性ヘアスタイリスト、女性メイクアップアーティストと一緒に「メイクルーム」をどこにするか決めようと、家の中をあちこち見て回りました。

少し狭いけれど、窓に面したコーナーにテーブルが置いてある部屋を発見。そんなには暗くないし、きっとここでヘアとメイクの準備が始まるんだろうなあ、と漠然と思っていました。ところが、ふたりは互いに目を見合わせ、どこか「ここじゃないよねえ」「そうだよねえ」というムード。すると、ヘアスタイリストが独り言のように呟いたのです。「ここじゃ、美しいものを創れない気がするんだよね」。その部屋に実際、入ってみると……？　まさに、物置状態。掃除道具や日用品のストック、空の段ボール箱まで、ありとあらゆるものが、しかも乱雑に置かれていたのです。彼の「ひと言」に合点がいきました。確かに、物理的には可能。ただ、この空気では、皆の気持ちがくすむ。読者の心を動かすようなクリエイションはできない……。笑顔で、でも、きっぱりと断言した彼を、改めて尊敬しました。

ここのところずっと「整っていない毎日」に後ろめたさを感じていました。パソコンまわりには資料に化粧品、ペンに付箋。ここじゃ、面白い原稿は書けない。調理台には興味のおもむくままに手に入れた調味料や久しぶりに作った梅酒の瓶。ここじゃ、美味しい料理はできない。忙しさに振り回され、どうにかやり過ごしていた自分を大いに反省しました。丁寧な暮らし、ゆとりのある生き方。そんな大げさじゃなくてもいい。その瞬間の自分を気持ちよくするという、小さなことから。恥ずかしながら、そう思っている毎日なのです。

16話

「花屋でよかったなと思う瞬間でもあります」

卓越したセンス、誠実な人柄、それらに支えられた想像を超える表現力。心から信頼しているフラワーアーティストの女性がいます。H・Mさん。出会いのきっかけは、ライターとして関わったページの写真が彼女の作品だったこと。力強さの中に繊細さがちりばめられ、クリーンなのにどこかエロティック、花のイメージを超える存在感に思わず目が釘付けになったのです。メールでのやり取りでオーダーできると聞き、以来、ここぞという場面で彼女にお願いしています。憧れている大人の女性のお宅に遊びに伺うのに、そうだ、彼女のアレンジをお届けしよう、と思い立ちました。その人は才能に溢れ、ある会社のト

ップとして活躍する人であること、目鼻立ちがはっきりしたクールビューティであること、それでいて、思い切りお茶目で誰とでもフラットにフランクに接してくださること。特徴を伝えると、「ギャップをうまく捉えられれば」とHさん。当日、届いたお花は……！　またも、今までに見たことのないアレンジ。ご本人はもちろん、その場にいた誰もが喜んでくれました。早速メールでお礼を伝えると「（ギャップを表現するのに）少し毒気のあるお花を入れてみました。お会いしたことのない方を想像しながらお花を組み合わせていくことは難しいけれど、とても楽しい」と彼女。そして、こう締めくくられていました。「花屋でよかったなと思う瞬間でもあります」。Hさんの作品に引き込まれる理由がはっきりとわかりました。花は、女性。人格そのもの。Hさんはその表現者だったからなのです。

ふと、気の置けない仲間との会話を思い出しました。ひとりが「どのお花が好き？」。その唐突ぶりをからかいながらも、口々に「私はカサブランカ」「私はアンティークローズ」と、花の名を挙げ始めました。すると「それって、ね。どんな女性に見られたいか、どんな女性でありたいかを語っているのよ」。私はちなみに、カラー。ああ、その通りだと思いました。すべてにおいてシンプルでありたい、しなやかでいて凜とした人でありたい……。その憧れを花に託していたのだ、と。女性は花。誰ひとりとして同じ花はない。咲き方や枯れ方も、その花らしく。花は美しさの意味を語る。それもHさんが教えてくれました。

17話

「服は、心を育てるんです」

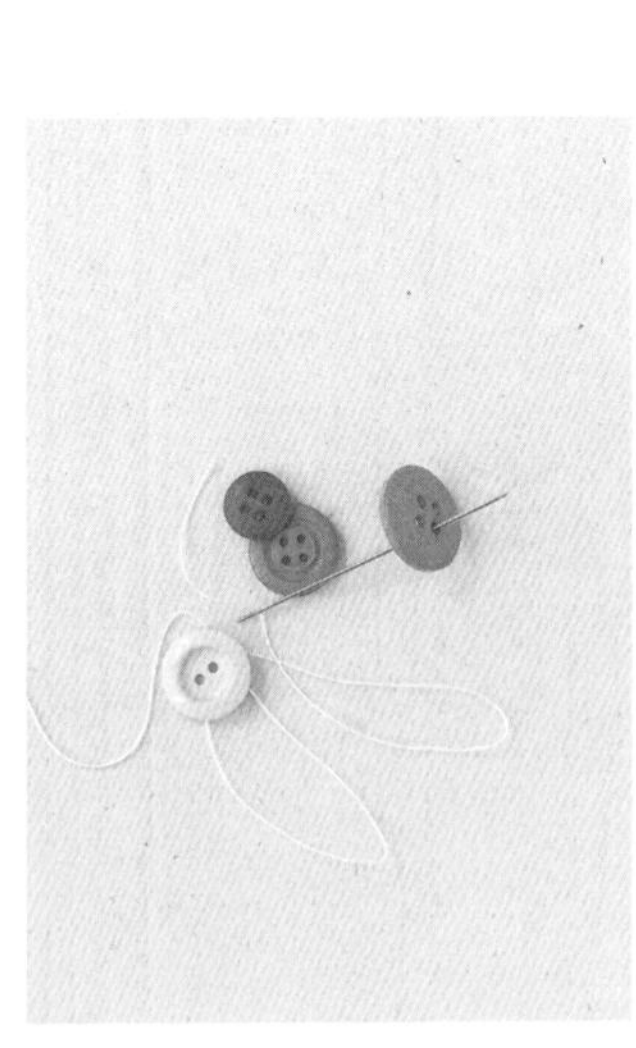

今シーズンのファッショントレンドには、どんなメイクアップを合わせる？　先日、ある女性誌でそんな企画を担当しました。化粧品を撮影するにあたり、フォトグラファーと相談して、背景にトレンドを象徴する生地を組み合わせようと決定。生地を購入するために、ある手芸専門店を訪れました。閉店間際の時間に駆け込んだ私は、想像以上に広い店内と豊富な品揃えに圧倒され、焦りながら、イメージする生地を探し回りました。中でもボタニカルプリントは、何十種類、いや何百種類あったでしょうか。うわあ、選ぶの、大変……！　と思ったのも束の間、一枚の生地に目を奪われました。まるで絵画のように、

繊細な柄、鮮やかな色。触れたときの、滑るような手触り。これしかないと「ひと目惚れ」、ほかの生地とともに手にして、レジカウンター前に並び、順番を待ちました。さあ、私の番。一メートルずつお願いしますと言って手渡したところ、「この生地を選ぶなんて、センスがいいですね」。50代後半？　60代前半？　と思しきベテランの男性店員が、私を褒めてくれました。そして、「これはリバティプリントと言って、英国・ロンドンのリバティ社が作っている生地なんです。『タナローン』という、それはそれは細い糸で編まれた上質なコットンを使っているんですよ」。柔らかくしなやかで、肌に吸い付くような質感であること。シルクのような光沢があって、プリントの発色がとびきり美しいこと。見た目も触り心地も「格別」なのは、細い糸、密な織りのなせる業。手早く仕事を進めながらも、ほかに誰もいなかったこともあって、リバティ愛たっぷりに、無知な私にいろいろと教えてくれました。そしていざ、商品を受け取ろうとした、そのとき……！　「リバティプリントは、子供たちの情操教育にいいとされているんですよ。ぜひ、服を作って、着せてあげてほしい。服は、心を育てるんです」。

美しい柄や美しい色を見ること。柔らかさやしなやかさに触れること。それが、どれだけ豊かさを育むことか。そういえば、すっかり忘れていました。残念ながら、この布は服にはならないけれど、服の奥深さを改めて知る機会になりました。

18話

「タイパでそぎ落とされたものに、旨味がある」

「コスパ」の時代から「タイパ」の時代へとシフトしている!?　Z世代やミレニアル世代から始まり、さまざまな世代に広がりを見せている価値観とのこと。最近ではもう、当たり前の言葉になりました。「コスパ」とは、コストパフォーマンス、投資した費用に対してどれだけの効果があるのかを測る「費用対効果」。それに対して「タイパ」とは、タイムパフォーマンス、投資した時間に対してどれだけの効果があるのかを測る「時間対効果」。物心ついたときから、デジタルに触れ、欲しい情報を効率よく収集、処理する若い世代にとって、お金の無駄を考えるコスパはもちろん大切だけれど、それよりもむしろ、いかに時

間を無駄にしないかというタイパが最優先事項だというのです。長く付き合っている仕事仲間が集まったとき、誰からともなく、そんな話になり、「私たち大人には、少し理解しがたいこともあるよね」と大いに盛り上がりました。そして、うちひとりが、こう呟いたのです。「映画を倍速で視聴し、本は要約を読み……。なんだかね、栄養を摂るのに、食事じゃなくてサプリメントのほうが効率的じゃない？ と言っているように、私には聞こえるの。栄養を摂ることはもちろん大事。だけど、それと同じくらい、『美味しいね』『楽しいね』という感覚が大事でしょう？ タイパでそぎ落とされたものに、旨味がある、そう思わない？」。

そこにいたのは、フォトグラファーやスタイリスト、ヘア＆メイクアップアーティスト、編集者にライター……。特に私たちは、タイパの対極に価値を見出す職業だもの、と笑いながら、彼女はこう続けました。「例えば、ね。『トレンチコートがふわりと揺れて、なんだか香りが漂ってきそうだった』みたいに、ストーリーとは関係がないように見える映画のワンシーンが大事なの。想像することが人生を豊かにするんだから」。

効率的に生きる価値観を受け入れながらも、一方で、無駄とそぎ落とされることを感じる、考える余白を持ちたいと思います。探り、味わい、深める余裕を持ちたいと思います。無駄という余白、無駄という余裕。そう、「美味しいね」「楽しいね」も欠かせない栄養だから。

19話

「自然の中に蛍光色ってたくさんありますよね」

世界を舞台に活躍するグラフィックアーティスト、牧かほりさん。出会いは、25年以上も前に遡ります。私がまだ女性誌の編集部に在籍していたころ、仕事を通じて知り合いました。知り合った当時から、彼女が描く世界は、どこまでも大胆で、どこまでも繊細。さらに時を経るほどに、ドラマティックな進化を遂げ、どれをとっても、心を大きく揺り動かされる唯一無二の作品ばかりです。人柄も、生み出すアートのごとく、伸びやかでいて細やか。包容力としなやかさとピュアネスを兼ね備えていて、会うたび、浄化される。人としても仕事人としても、刺激と影響を受け続けている、大切な存在です。

ひょんなことから、私から「愛の告白」をする形で始まったあるプロジェクトを、今、一緒に進めています。お願いしたテーマに対して、こんな方向はどうか、あんな方向はどうかと、ひとつひとつ丁寧に作品を送ってくれる牧さん。私からは何も返せないのがなんだか申し訳なくて、我が家から見えた元日の夕陽を撮り、「初日の入り」として送りました。「オレンジ色から濃紺へのグラデーションがあまりに美しかったから送ります。きっと、いいことあるね」のひと言を添えて。すると……？「私も同じ空を見ていました。見たことのないオレンジ色……、本当に『蛍光色』でしたね」。

蛍光色。驚きました。私の目に見えていたのは、オレンジ色。平面的なオレンジ色。でも……、牧さんの目には、蛍光色に映っていたと知って、はっとさせられたのです。牧さんはこう続けました。「紅葉のときも思うのですが、自然の中に蛍光色ってたくさんありますよね」。

日の出のときに染まった空は蛍光ピンク。森林の中で差し込む木漏れ日は蛍光グリーン。水面が光を受ける広い海とそれを囲む青い空は蛍光ブルー。そういえば、一面に広がった菜の花畑やひまわり畑は蛍光イエローだった……。今まで見えていた世界が一気に鮮やかに、華やかになったような気がしました。自然の中にある蛍光色を見つけながら過ごしたら、毎日が、人生が、もっと豊かになる。牧さんが教えてくれたことです。

もっと、高みへ
～プロフェッショナルの崇高な言葉

「『仕事』ほど、楽しいものはないわよ」。ある人にそう言われて、深く納得させられました。仕事を通じて知り合った仲間たちは、ときに行き詰まりながら、ときに思い悩みながら、情熱と誇りを持って自分の「道」を極めている真のプロフェッショナル。そして皆、共通して「ひとりでは何もできない」と口にします。共鳴し、共有し、共創する……、ともに影響を与え合うから、想像しえなかった「化学変化」が起こるのだと言って。仕事をする上では、若さも経験も強みになるし、大胆さと注意深さがぶつかり合うことでより研ぎ澄まされる。結果、互いをリスペクトし合う関係が、自分を高めたいという思いに繋がるのです。だから、仕事は楽しい。仲間たちが発するひと言ひと言を心に刻んで、これからも高みを目指したいと思います。

2
Higher and higher
Professional noble words

自分を知り、慈しむ

〜唯一無二と気づかされる言葉

3

Know yourself and love yourself

Words that make you realize that you are unique

20話

「立派な『個性』じゃない！」

陽射しが眩しいある日の昼下がり、女性ばかり7人の仕事仲間で、遅めのランチをしました。私が座ったのは、エントランスにいちばん近い、端の席。6人の顔が見渡せる、私にとってはベストなポジションでした。美容に関してはもちろん、服のこと、食のこと、そして共通の知人のちょっとした笑い話まで。私たちは機会を奪い合うように話し、大いに盛り上がりました。そして「もうそろそろ、行く?」と、それぞれ帰り支度を始めたそのときでした。対角線上の端に座っていた女性が心配そうに、私にひと言。「ねえねえ、大丈夫? 全然しゃべってなかったけど」。正直、驚きました。思い切りしゃべって、思い切

り笑って。思い切り楽しんでいたからこそ、そう見えたことがとても意外だったのです。

想像してみました。もし、10年前の私なら、いや、5年前の私でも。きっと、この言葉をネガティブに捉えて、戸惑い、落ち込んだと思うのです。なぜ、私には存在感がないのか、どうしたら、存在感が宿るのか、って……。でも、今の私は、心底「褒め言葉」だと思えました。まるで空気のように、その場に溶け込んでいた自分を「私らしくて、なかなか、いいじゃない？」と素直に思えたのです。

こんなふうに感じられる私に変えてくれたのは、親友のある言葉でした。数年前のこと、ディテールはもちろん違うけれど、同じような経験をした私は、学生時代からの親友にぽろりと、こんなことがあったの、と少し塞ぎ気味に話をしました。すると、彼女は穏やかに笑って、「えっ、今ごろ、何言ってるの？　昔からそうだよ。でもさ、それって、立派な『個性』じゃない！」。そして彼女は私を、こんなふうに褒めてくれたのです。「だから、まわりにいる私たちは、居心地がいいの。そういう人がいて、いいんじゃない？」。

肩に入っていた力が、すーっと抜けていくのを感じました。そうだった、それが「私」だった。誰かと比べて、誰かと違う自分を気にするのはやめよう。違いこそが個性。違いこそが自分らしさ。私も、触れ合う人たちに「違い」を見つけたらまっすぐ伝えたいと思うのです。それがあなたの立派な個性じゃない！　と。

21話

「答えは、自分の中にあるのに」

数年前のこと、そのシーズンは、ボタニカルプリントやオールホワイトなど、多くの人にとってかなりハードルの高いファッショントレンド。でも、挑戦してみたい。できることなら、大人っぽく纏いたい、格好よく着こなしたい。そのためには、服選びと同じくらいメイクも大事……。そこで、メイクアップアーティストの水野未和子さんに、プロフェッショナルとしてのアドバイスをもらうことにしました。この色が流行る、この質感が新しい、肌作りはこんな気分、だから、この服にはこのメイク。すべてに納得させられました。でも、でも……。じつは、心動かされたのは、もっと深いところにある言葉でした。

「正直言うと、ね。正解はひとつじゃない。どんなメイクでも、いいと思うの」と、水野さんは言いました。「トレンドじゃなきゃいけない、モテなくちゃいけない。顔は小さくなくちゃ、肌は白くなくちゃ、目は大きくなくちゃいけない。それって、すごくナンセンスだと思いません？　極端に言えば、メイクをしていない顔が素敵な人もいるし、素敵なシーンもあるもの……」。そして、こう続けたのです。「美しさも幸せも、答えは、他人の中にはないの。自分の中にあるのに」。はっとさせられました。すべてにおける「本質」に改めて気づかされたから。私自身、ずっととらわれていた気がします。なぜ、あの人にはあって私にはないんだろう。あの人みたいに〇〇だったら私ももっとこんなことができるのに、あんなこともできるのに。誰かと比較することで、美しさや幸せの要素を他人の中に見出しては、焦ったり落ち込んだり。きっと私だけでなく、誰しも経験があるのではないでしょうか？

年齢とともにひとつ、またひとつと手放しながら、静かに思うのです。ファッションもメイクも、それを超えたところにある生き方も、比較からは何も生まれない。大人になるほどに熟成される、かけがえのない「何か」を目指すには、自分を見つめないと。そう、答えが自分の中にしかないと気づけるか否か。それこそが、大人か否かを分ける境界線なのかもしれません。

22話

「たくさん見つけて、大きく育てたい」

前話の「美しさも幸せも、答えは、他人の中にはないの。自分の中にあるのに」という言葉には、さらに心温まる「続き」がありました。

「自分の中に見つける美しさや幸せは、小さいかもしれない。でも、それを大きく育てるか、小さいままにしておくか、もっと言えば、なかったことにしてしまうのか。それぞれの心のあり方にかかっていると思うの。小さな美しさや幸せをできるだけたくさん見つけて、できるだけ大きく育てたい。それがその人にしかない『魅力』になると思うから」

この言葉を聞いたとき、私たちが水野さんのメイクアップに強く惹きつけられる理由がわかった気がしました。何かを隠したり、誰かに変身したりするわけじゃない。その人の肌、目、唇、いや、存在そのものの「個性」を強め、深め、高める。水野さんの話には「define（ディファイン）」という言葉がよく出てきますが、まさにその人が持つ美しさの「輪郭を明瞭にして」、魅力を増幅させる印象なのです。このメイクなら、自分の顔を好きになれる、自分を好きになれる。ふと思いました。これこそが小さな美しさや幸せを大きく育てるということに違いない、と。

スキンケアもメイクも「自分じゃない」を叶えるものがたくさん生まれています。それは進化がなせる業で、喜ぶべきこと。ただ、「何かを隠す」「誰かに変身する」をゴールにするのは、美しさの本質とは違うのじゃないか。持って生まれたものを、愛し、慈しみ、楽しむこと。コンプレックスもエイジングも、同様に。視点を変えて、自分を見つめられる人でありたい。小さなものを見つけられる人でありたい、大きく育てられる人でありたい、そう思うのです。

じつは、この言葉に触れて以来、私はメイクをするのがとても楽しくなりました。悩みがなくなったわけじゃない。むしろ、悩みは増えるばかり。でもそれも含めて、これが自分と自信を持てる……。眉マスカラを加えたり、アイラインを丁寧に入れたり、口紅をブラシで塗ったり。誰にも気づかれないけれど、心の中の幸せは確実に大きくなっています。

23話

「コンプレックスはエネルギーの元なんだから」

その日は早朝から撮影。バスを2回乗り継がないと辿り着けない、住宅街の真ん中にあるスタジオ、しかもたくさんの荷物、冷たい雨、いつも以上の渋滞……。時間に余裕を持って家を出たつもりだったのに、結局ぎりぎりのタイミングで、かなり焦っていました。あれっ、いつ乗ってきたのかな？　ふと気づくと、私の前の席に座っていたのは、制服を着た高校生と思しき女性。ブラウンがかった色、細くて柔らかそうな質感、湿気のせいか、まるで外国人の子供のようにくるくるとカールした癖毛……。顔は見えなかったものの、なんて可愛いの！　と目が釘付けになりました。ところが彼女は、鏡を見ながら髪を引っ

張ったり押さえたり、手ぐしをしながら結んでみたり解いてみたり、髪をまっすぐに伸ばそうと躍起になっているみたい。癖毛を気にしているのだとすぐにわかりました。「黒い」「多い」「太い」「硬い」が悩みだった私にとっては、憧れの髪質。気にしなくていいのに。むしろ、それが魅力なのに。私がもし家族や友達なら、「可愛いよ」「素敵だよ」と言いたい。そう思いながら、後ろ姿を見つめていました。スタジオに着くやいなや、挨拶もそこそこに「じつはね」と、皆にこの話を報告。まわりにそれが魅力と言う人がいれば、心持ちが変わるかもしれないのに、と話しました。すると、スタイリストの女性が、ひと言。

「いいの、いっぱい悩んだほうがいいの。コンプレックスはエネルギーの元なんだから」

自分のすべてを好きと言える人は、いない。誰しも、自分の嫌いなところとどう向き合い、どう付き合うかで「人格」ができあがっていくのだと、その人は言いました。その高校生はきっと、経験や年齢を積み重ねていくうちに受け入れたり、乗り越えたりして、人としてどんどん熟成され、魅力が増していくはず、と……。そして、「コンプレックスは、悪者じゃないと思う」と。私もこの年齢になってようやく、コンプレックスを自分の一部として、愛せるようになりました。もちろん、受け入れられない、乗り越えられないこともあるけれど、でも、でも、それも含めて「私」と思えるように。エネルギーの元？　確かに。振り返れば、コンプレックスって愛おしい。ある日の高校生が教えてくれました。

24話

「寝転ばな、あかんねん」

30代半ば、女性誌の編集部に所属していたころのこと。来る日も来る日も仕事に追われ、睡眠不足が続いていました。食事もほぼコンビニ頼り。ああ眠い、ああ辛い、逃げられるものなら逃げたい。でもそれをストレスと感じる間もなく、事務的に日めくり暦をべりべりと引きちぎるような感覚で過ごしていました。そんな最中、久しぶりに上京するという学生時代からの親友に会いました。放送作家として活躍する彼は、その場の空気をがらりと変えてしまうほど明るく朗らか、その奥に豊かな才能と揺るぎない正義感を秘めている人。思いもしない角度から放たれる名言につねに刺激を受けていました。「忙しそうやな

あ？」と私を心配しながら、「でも」とこう続けたのです。「雑誌って寝転んで読むもんやろ？　リラックスして楽しむもんやろ？　創り手がぎりぎりの生活をしてたら、面白い雑誌はできへんのと違うかなあ？　寝転ばな、あかんねん」。

自戒も込めて、と彼は続けました。料理番組を担当している自分が、美味しいものを美味しいと感じる時間を持たないと「誰か」の心を動かす企画や言葉は生まれない。お互い、時間的にも精神的にも余裕を持とう。「寝転ばな、あかんねん」は「肩の力を抜け」という意。そうアドバイスをくれたのです。等身大の感覚で、大人の女性が輝けるようにという誌面作りを心がけていたはずなのに、知らぬ間に込めるはずの「心」を忘れていたことに気づかされた。あれから約20年が経つ今も、ことあるごとに思い出しています。

一方で、イチロー選手引退会見の、「辛いこと、しんどいことから逃げたいと思うのは当然のことなんですけど、でもエネルギーのある元気なときに、それに立ち向かっていく、そのことは、すごく、人として重要なことなんではないかなと感じています」という言葉に思いました。重ね合わせるには、あまりにおこがましいけれど、無理をしていたあの経験が、今を支えているのかもしれない……。あのころの自分を肯定できた気がしました。そしてこうも思ったのです。今だからできることもある。楽しみながら、肩に力を入れるのもいいのかな？　ちょっとだけ、張り切っている私なのでした。

25話

「『負け』を知っている人がいいわね」

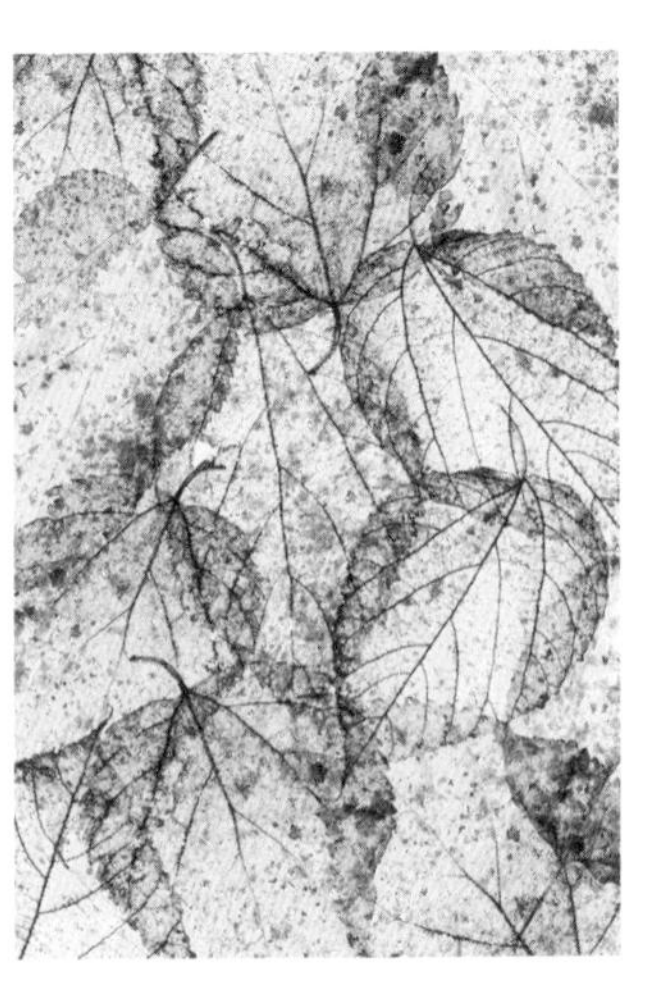

私よりひと回り以上年下ながら、心の底から尊敬するスタイリストがいます。出会いは10年ほど前。洗練と温もりが絶妙なバランスで共存する「センス」の持ち主で、どんなときも穏やかで大らか、いるだけでその場の空気を浄化してくれるような女性です。久しぶりに仕事で一緒になる機会に恵まれ、合間に世間話をしていたところ、ひょんなことから、彼女の大叔母様の話になりました。90歳を超えてなお、かくしゃくとしていらっしゃること、「恋愛体質」で、エピソードにこと欠かない人であること……。「例えば」と、かいつまんで話してくれたモテ伝説はじつにあっぱれで、思わず歓声を上げたほどでした。知れ

ば知るほど、艶やかで格好いい。そんな大叔母様に、彼女は最近、「どんな男性を選ぶといいのかなあ？」と聞いたのだそうです。すると、「私にはよくわからないけれど」と前置きをしたあとで、返ってきたのは、「『負け』を知っている人がいいわね」。予想だにしない答えに、はっとさせられました。負けを知っている人とは、自力で這い上がった経験を持つ人。負けの悔しさを「生きる力」に変えている人がいい……、私にはそう聞こえました。なんてユニークなの！　と返しながら、心の奥でその言葉の深さを噛み締めたのです。

ふと思い出した男性アスリートの言葉があります。「今日の試合に負けた悔しさは、飲んでも食べても寝ても遊んでも、決して消すことはできない。唯一の解消法は、明日の試合に勝つこと」。どんなに逃げてもごまかしても、心の中のしこりは消えない、なくならない。負けた対象にまっすぐにぶつかった先にしか、真の解放や自由はない……。大叔母様の言葉の意味と重なる気がしました。人生に起こる出来事にあえて勝ち負けをつけるとするなら、誰しも「思い通りにならない」という負けを経験していると思います。私なんて日々、その繰り返し。そのたび、心の中で他人や環境、年齢や時代のせいにして負けをなかったことにしている気もするのです。取るに足らない出来事、だからこそ余計に、強く意識してまっすぐに向き合おうと思いました。逃げてない？　ごまかしてない？　自問しながら生きることで、私もいつか、本当の意味で負けを知っている人になれると信じて。

26話

「言葉が積み重なってその人ができあがる、っていうのかな？」

久しぶりに会った友人がこんな話をしてくれました。「この間、真っ赤なショートブーツを買ったの。『人に会わない』『外に行かない』が当たり前になり、服や靴から遠ざかっておよそ1年半。そろそろ一歩を踏み出さなくちゃと思っていたころ、たまたま訪れたセレクトショップでひとめ惚れして、ね。うわあ、なんて素敵なの！　あの服に合わせたい、この服にも合いそうと脳内が興奮して、すっかり忘れていた『ときめき』を思い出したの」。この話には、続きがありました。「まだ夏服のほうがいい？　と思うくらいの気温だったのだけれど、あまりに嬉しくて、仕事に履いていったの。そうしたら、『えーっ、もうブー

ツ？　暑そう！　いやあ、私は暑がりだから無理、無理。快適さよりお洒落を優先できるなんて、若い証拠よ』と仲間のひとりに嫌みを言われて、ほんの少しだけブルーな気分で過ごしていたら、今度は別の仲間が『うわあ、季節を先取りしてて、素敵！　私も秋の洋服が着たくなったわ』と褒めてくれたの。人によって、感じ方や言い方がこうも違うんだって、改めて思って……」。こういうことって、頻繁に起こる。同じ出来事でも、まっすぐ見るか斜めから見るか、表から見るか裏から見るかでポジティブにもネガティブにも転ぶってことが。そう言おうとしたまさにそのとき、もうひとりの友人が言いました。

「もしかしたら、そのふたりは、同じことを言いたかったのかもしれないのに、一方には心が曇り、一方には心が晴れる。あのね、言葉って、人となりが表れると思うの。言葉が積み重なってその人ができあがる、っていうのかな？　できることなら、自分もまわりも心が晴れるような言葉選び、言葉使いをしたいと思わない？」

どきりとさせられました。確かに。感情や思考が言葉になる。言葉にするうち、感じ方や考え方が次第にその方向へと導かれる……。ポジティブに向かうも、ネガティブに向かうも、言葉次第。そう言われた気がしたから。夏のブーツも冬のノースリーブも、女性のタイも男性のパールも何でもあり、すべてが自由。不正解がない時代だからこそ、心が晴れる見方を意志を持って選び取りたいと思います。今日の言葉が明日の自分を創ると心得て。

27話

「あなたには、豊かな『感受性』があります」

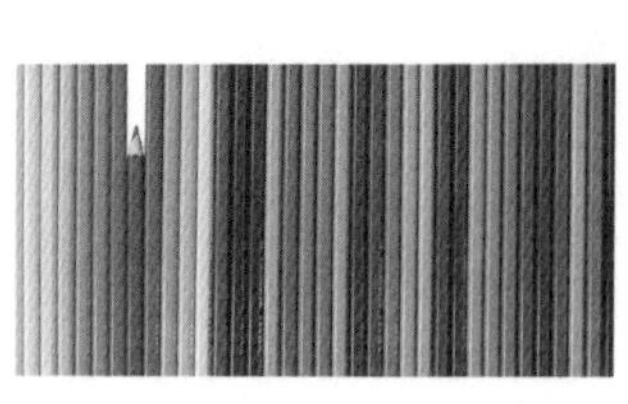

中学生になったばかりのころ。ある大学の付属中学校に通っていた私は、生まれて初めて「教育実習」による授業を体験しました。情熱に満ち満ちた大学4年の先生たちと過ごした1ヵ月は、毎日がお祭りのようで、とても濃密な時間でした。とうとう、最後の日。私は、明日から先生たちに会えなくなると思うと寂しくて寂しくて、人目を憚らず、ひとり号泣したのを思い出します。じつは、まわりは付属小学校から教育実習による授業を体験し、「別れ」に慣れている生徒がほとんど。その中にあって寂しがる私は、先生たちの目に珍しい存在として映ったのかもしれません。数日後、私たちのクラスを担当してくれた

男性の先生が、全員に宛てた一通の手紙をくれました。綴られていたのは、生徒ひとりひとりの長所。私には「あなたには、豊かな『感受性』があります」。私以外の人に向けられた言葉は、残念ながらすっかり忘れてしまったけれど、頭がいいとか足が速いとか、そんな単純な長所ではなかった気がするのです。それはきっと、彼なりに皆をじっくり観察して探り当てた、ほかの誰とも違う「ユニークネス」。感受性という言葉は、当時の私にとっては難しすぎて、なんとなくしか理解できなかったけれど、自分だけの長所があることを教えられた気がして、静かに興奮したのを記憶しています。

じつは、最近になって、このことをよく思い出すのです。コロナ禍で当たり前が当たり前ではないと気づかされたとき、同時に、それまでの自分がいかに「無自覚」だったかということにも気づきました。例えば、言葉を紡ぐ仕事に対して。この仕事が好きと断言したい。この仕事で幸せと断言したい。誇りと自信を持ちたいと思い始めたのです。だって……、私の長所は「豊かな感受性」なんだもの。そう、このひと言が今の私を支えてくれていることに気づきました。私も、まわりの人たちの素敵なところを見つけて言葉にしたいと思います。たとえ取るに足らないことでも、あなたの◯◯が素敵だよ、と伝えたい。大人でも子供でも、男性でも女性でも。私にとってのこのひと言のように、それがいつか、誰かの背中を押したり、救いの手を差し伸べたりするひと言になるかもしれないから。

28話

「『だから』でも『なのに』でもない自分でいたいよね」

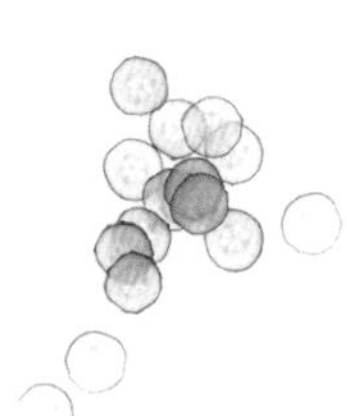

世界中がコロナ一色だった、2020年。働き方も遊び方も生き方も、思考も行動も生活も、何もかも「見直し」を迫られたのではないでしょうか？　私自身も、そう。あえて見ないようにしていたことを見ざるを得なくなったり、不要なものと大切なものがよりクリアになったり。振り返ると、自分で自分をふるいにかける時間だったような気がします。そんな中、よく耳にしたのが「マスクだから」と「マスクなのに」という言葉。美容は特に顕著でした。「マスクだから、口紅は必要ない」「マスクだから、アイメイクにこだわる」「マスクなのに、ファンデーションを塗らなくちゃいけないの？」「マスクなのに、チーク

を塗ったほうがいいの？」「マスクだから、必要になった化粧品は何ですか？」「マスクなのに、変わらなかった習慣は何ですか？」などなど。ここだけの話、私はそのたび、ほんの少しだけ、違和感を抱いていました。マスクだから変わったこと、マスクなのに変わらないことは、確かにある。でも、でも……！　「マスクだから」と振り回されたり、「マスクなのに」と意固地になったりするのは、どこか居心地がよくない気がして。美容の本質は、その狭間の、微妙なところにあるんじゃないか、そう思っていたから。

友人にその話をしたら、深く頷きながら、ひと言。「『だから』でも『なのに』でもない自分でいたいよね」。いずれにも偏らない、どこからも力が加わらない、ニュートラルなところに軸足を置ける人が、いちばん心地よくて強い気がする、と彼女は言いました。

スピーディにドラマティックに進化する現代にあって、世界中がストップするほどのことが起こると身を以て知った今だからこそ、軽やかだけれど翻弄されない、揺るがないけれどしなやかな自分でいたい。ふと気づきました。「若いからできる」「若いのにできない」とか、「女性だからできる」「女性なのにできない」とか。私たちは勝手に枠を作って、何かを判断したり評価したりしがち。すべての価値観に対して、ニュートラルでいられたら、もっと心地よくなれる、もっと強くなれる。今がくれた気づきをずっと大切に。そう教えられた気がするのです。

29話

「自分の取扱説明書を更新すること」

「ねえねえ、喧嘩にならない？　いつもはいないはずの人が、いないはずの時間にそこにいるから、ペースが狂っちゃって。つい、いらいらしちゃうの」。久しぶりに打ち合わせで会った仕事仲間が、挨拶もそこそこに、こう言いました。彼女は、夫とふたり暮らし。仲がいいことでつとに有名なふたりです。ところが、ステイホームをきっかけに、ふたりとも家で過ごす時間が増え、それまでの生活と一変。結果、喧嘩が増えたというのです。「こうしてほしいと思うことを、してくれない。いちいち言わないと、してくれない。ようやくしてくれたかと思えば、余計なことまでしてる。まったく、もう！　ってことばかり。

こんなことなら、全部自分でするほうが、ずっと早いし、ずっと楽！」と、彼女。

ふーん、へーっ。相槌を打ちながら、静かに聞いていたもうひとりの女性が言いました。

「でも、ね。いらいらするのって、結局、自分が疲れるだけでしょう？　してほしいと思う前に自分が進んでする、してくれたらありがとうと相手に感謝する、大人はいらいらを避ける知恵や工夫を持たないと」。いつ会っても、穏やかな女性。いかにもこの人らしい言葉だと思いました。いらいらを避ける知恵と工夫。夫婦間だけでなく、あらゆる人間関係から仕事や家事の進め方にまで、すべてにおいて言えること……。「私も、いらいらした経験から、学んだの。自分はこういう状況でいらいらする、自分はいらいらするとこういう顔になる……、その都度自覚して、『起こる』前に『起こさない』ことを覚えた。それを繰り返しているうちにいらいらしにくくなったの」。そして、こう言ったのです。

「大人になるって、自分の取扱説明書を更新することなんじゃないかと思うの。自分が気持ちよく、楽しく生きるために、自分をうまく取り扱う術を見出すことなんだって」

冒頭の彼女も、もちろん私も、目から鱗が落ちた思いでした。いらいらだけじゃないのだと思います。肌も体も心も。ひとつ経験を重ねるごとに、自分の癖を知って、取扱説明書に書き加え、更新すること。すると自分で自分を健やかにできる……。そういう目で「私」を見つめ直してみると、不思議と心が静まる気がするのです。

30話

「それって、人としての条件よね」

仕事仲間４人。オンラインではディテールが伝わりにくいからと、カフェで集まりました。打ち合わせはあっという間に終わり、そのまま世間話に。テーマは「コロナ禍で、何が変わった？」。生活のリズムが変わった、仕事のスタイルが変わった、価値観や審美眼みたいなものも変わった……。するとひとりの女性が、「些細なことなんだけど」と前置きをしながら、こんな話をしてくれました。「今ね、結婚相手に望む条件が変わってきているらしいの。男性が女性に求める条件として『逞しさ』を挙げ、女性が男性に求める条件として『しなやかさ』を挙げるんだって。どんなことがあってもどっしりとして動じない女性

がいい、どんなことがあっても臨機応変に動ける男性がいい。知らず知らずの間に静かに変化をしていたのか、それともコロナ禍を経験したから意識や価値観が百八十度変わったのかわからないけれど……。すっかり『逆転』した気がしない？」。

その場にいた全員が、まるで示し合わせたように、「へーっ！」。逞しさ＝男性、しなやかさ＝女性は、もはや、過去の話。笑いながらも皆、そのエピソードの深さに引き込まれたようでした。そして、この言葉を受けて、うちひとりの女性が続けたのです。

「それって、人としての条件よね。性別関係なく、逞しくしなやかな人が素敵だと思わない？　これからは『人として』という捉え方が当たり前にならなきゃいけない気がするの」

ジェンダーレス、ジェンダーフリー、ジェンダーニュートラル……。これらの言葉を目や耳にしない日はなくなったと言っても過言ではありません。そんなつもりは微塵もないのだけれど、「何か」をきっかけに、自分が常識だと思っていたことに「差別」や「偏見」が含まれていると気づかされる機会も増えました。性別だけではないのでしょう。年齢、職業、国籍、人種……。私たちは無意識のうちにたくさんの「ボーダー」を定めている気がします。だからこそ、努めて意識したい、思考したい、行動したいと思いました。人として、どうあるべきか、どうありたいかと、いちいち自問しながら。時代や状況や環境に翻弄されず、でもその変化には軽やかに柔軟に適応して。新たな目標ができました。

31話

「弱みを知っておくと……、長持ちするんです」

アレキサンダーワンの黒のスカート。ひとめ惚れして手に入れてからもう、5年以上。Aライン×ハリ素材×ミモレ丈と、シルエットは極めてオーソドックスながら、裾に360度穴開きのスタッズが配されていて、少しだけアヴァンギャルドな雰囲気。透け感のあるブラウスを合わせてフェミニンにも、オックスフォードシューズを合わせてマスキュリンにもと万能で、着るたび、安心感とときめきを同時にくれる、とても大切な一枚です。ひんやり感が居座ったゴールデンウィーク、例年より少し遅い衣替え。コートやニットに加え、3シーズン活躍してくれるこのスカートも少しお休みの期間に入るからと、クリーニ

ングをお願いしました。担当の女性、Mさんは、私が大雑把にひとまとめにした洋服をひとつひとつ、汚れは？　傷は？　と確認。そしてこのスカートを手にしたときでした。「丁寧にはいていらっしゃるんですね。スタッズ、特に穴開きのものは、生地を傷めやすいんですけど、このスカートはとても、綺麗なので」。驚きました。クリーニングをお願いして、洋服の着方にまで言及されたのは、初めてだったから。そして……。

「弱みを知っておくと、扱い方が変わる、着方も変わる。結果的に、長持ちするんです」

じつは私、数年前に出会ったこのクリーニング屋さんをとても信頼しています。クリーニングするだけでなく、ちょっとした傷みや綻びをメンテナンスしてくれて、まるで新品のように仕上げてくれること。何より、担当のMさんが洋服に対する溢れる知識と愛情と誠意を以て対応してくれること。「潰れやすい生地なので、畳まずにかけてしまってくださいね」とか、「このシワは洋服の風合いだから、適度に残しますね」とか、まるで私の洋服に命があるかのように、扱ってくれること。洋服にとってのドクターであり、エステティシャンでもあり。だからこそ「弱みを知っておくと、『健康』や『綺麗』が長持ちする」と私には聞こえました。日々触れるものに対して、弱みを知った上で付き合おう。自分自身に対しても、まわりに対しても。大切なものを大切にするという、温かい気持ちを教えてもらった気がするのです。

32話

「もう言わないと、決めればいいんです」

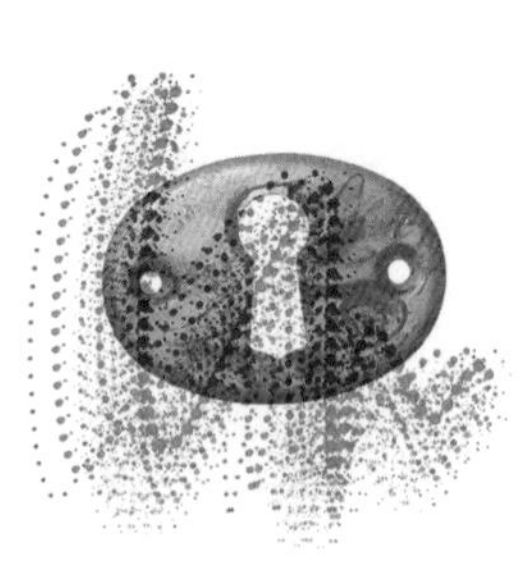

「子育てをしていると、『男の子だから、〇〇しなさい』『女の子なのに、〇〇しちゃいけない』と叱ったり、『男の子はこう』『女の子はこう』と決めつけたりしがち。（そうしないためには）ジェンダーに関することはもう言わないと、決めればいいんです。言わないと決めたら、言わなくなるから」。コロナ禍で世の中の動きが止まる直前のこと。雑誌の取材でお目にかかった、作家の川上未映子さんの言葉です。じつはこのひと言をきっかけに、少しずつではあるけれど、自分が変わり始めたのを感じています。

性別を始め、年齢にも人種にも、肌の色にも体型にも、すべてに対して偏見を持たない、ニュートラルな思考や行動を支持する考え方が急速に広まっています。個性や多様性を尊重する、今という時代、私も頭では理解しているつもり。ところが、ことあるごとに、過去の経験が作り上げた自分の常識やもの差しにとらわれ、意図せずとも、偏った見方をしている自分にどきりとします。それは、非難や揶揄などネガティブなことでなく、称賛するときでさえ。例えば「男の人なのに綺麗」とか「女の人なのに潔い」とか、個人の特性を性別の特性にすり替えて表現していることがあるのです。冒頭の言葉は、そんな私の「無意識」を「意識」に変えてくれました。まずは、自分自身に関わることから始めよう。今、意見を言わないのは、女性はそうあるべきだからなのか、自分がそうありたいからなのか。今、口紅を塗るのは、大人はそうすべきだからなのか、自分がそうしたいからなのか。いちいち問いかけて思考し、行動する。少しでも違和感があったら、それこそが、私の中にある偏見……。「言わないと決めたら」見えてきました。「私」がどう生きたいかが、クリアに。まわりから見る自分でなく、自分が見る自分。求められたり、決められたりする自分でなく、ありたい自分、なりたい自分。思考や行動が押しつけでなく意思だと確認できたら、誰かのせいや何かのせいにしなくなりました。ようやくわかった気がするのです。常識に当てはめない、固定観念に縛られない、本当の自由の中で生まれるのが自分らしさであり、個性や多様性であるということ。そして、変わる自分が未来を創るということも。

33話

「美しい服は、裏地も美しい」

新聞の「読者投稿欄」を読むのが大好きです。特に、子供たちや若い世代の「声」には、はっとさせられたり、ほろりとさせられたり。普段、見過ごしたり忘れたりしている何気ない出来事が、むき出しの感性で捉えられ、「真実」や「正義」がみずみずしい言葉で綴られているのを目にすると、心が揺り動かされるのです。私にとっては、日々硬く重くなりがちな「大人の心」をしなやかに整える心のマッサージ、心のストレッチなのかもしれません。中でも、ことあるごとに思い浮かべる言葉が、これ。「美しい服は、裏地も美しい」。ある「言葉のコンテスト」で賞を獲得した、中学2年生の女の子のひと言でした。洋裁師

である祖母にミシンの使い方を習っているとき、祖母が呟いた言葉であること。ピアノコンクールに向けての練習が辛く、ノルマを軽くした結果、決勝に進めなかったこと。決勝に進んだ友達の力強い演奏に心動かされたこと。祖母の言葉を思い出し、美しい服同様、その裏で自分をごまかさずに取り組んだ努力があって初めて、美しい演奏が叶うと気づかされたこと。そして「自分にしかわからない努力の証である綺麗な裏地を編んでいきたい」と。彼女は手を抜いたことを後悔していました。中学生にして、自分にとっての「本物」と「偽物」の定義を、身を以て知ったのかもしれません。この文章に触れ、痛いところを突かれたと思った大人は私だけではなかったはず。経験を積み重ねるほどに、まわりにばれないよう手を抜くことがうまくなって、そんな自分をまあいいかとごまかすことが当たり前になっている気がしていました。一方、心のどこかで、いつしっぺ返しが来るかとひやひやしていて、その「ぎりぎりセーフ」みたいな後ろめたさが澱のように溜まっていたのも事実。だから、彼女の言葉にどきりとさせられ、背筋が伸びる思いがしたのです。

大人に表面だけの美しさは、ありえない。美しい服であるために、美しい裏地を目指したい。美容？　運動？　いや、生活そのものを。だしを取るとか、床を拭くとか、いや、もっともっと取るに足らないことから、始めたいと思うのです。勤勉に、誠実に。他人の目には見えない、でも誰より自分の心の目が見ていると肝に銘じて。

自分を知り、慈しむ
〜唯一無二と気づかされる言葉

いたのにいなかったかのように、いなかったのにいたかのように。そういう存在であれたら、この上なく幸せ。取材で出会ったある俳優の女性の言葉です。自分は自分、これが個性、そう言えるものが何もないと思っていた私をふわりと浮き上がらせてくれた言葉でもあります。長所と短所は表裏一体。強みと弱みも表裏一体。一方向に向かいがちな価値観や美意識をもう一度俯瞰(ふかん)して、自分を捉え直すことが大事なのだと改めて気づかされました。コンプレックスは一生、ついて回るもの。でも、自分の短所や弱みに対してほんの少し優しくなって「これも私らしい」「そんなに悪くない」と思えれば、毎日の質も人生の質も、まるで違ってきます。そして、自分を唯一無二と気づくことが、大切な人の幸せにも繋がる気がしてならないのです。

未来にときめく

~年齢を重ねるのを面白がれる言葉

4

Fluttering in the future

Words that make aging fun

34話

「『結末』を変えられるかもしれないでしょう？」

大谷翔平さんも八村塁（はちむら）さんも池江璃花子さんも。オリンピックやパラリンピックで、サッカーやラグビーのワールドカップで、ワールドベースボールクラシックで。名前を挙げればきりがないほど、「規格外日本人」たちが軽やかに鮮やかに世界へと羽ばたき、それぞれのフィールドで、「日本人だから」ではなく「トップアスリートとして」注目を浴びています。その活躍ぶりにまったく新しい時代になったことを確信するとともに、甚だ勝手ながら、同じ日本人として、誇らしくも思うのでした。ときに、「解説者」になり、ときに「監督」になり、ときに「母親」になったり「恋人」になったりして、落胆したり感動した

り。応援のスタイルは人それぞれだと思うけれど、すべてを忘れて熱くなれるあの感覚は、何にも代えがたいもの。ようやくまた、堂々と応援できる日がやってきて、誰しもわくわく感が増しているに違いありません。

あるサッカーチームのサポーターとして、ホームのみならずアウェーの試合も追いかけ、応援を続けている友人がいます。お世辞にも強いとは言えないチームに対して、お金も労力も惜しまず、全身全霊を注ぎ、人生の一大事のように一喜一憂してる。彼女の家族は「もっとほかにすることがあるんじゃないの?」と呆れ顔で、友人の私でさえ、どこか冷ややかに「夢中になれるものがあって、うらやましい」と嫌みを言う始末。すると、こんな言葉が返ってきました。「小説や映画の結末は、変えられない。でも、ね。スポーツは、『結末』を変えられるかもしれないでしょう?『私』の応援次第で、選手たちの気持ちが変わる、動きが変わる。そう信じているから、夢中なの」。

目から鱗が落ちる思いでした。確かに、スポーツは「筋書き」のないドラマ。勝敗という結末はもちろんのこと、そこに至るまでのストーリーを紡ぐのは、選手だけじゃないのかもしれません。だから、私たちはあんなにも熱くなるのだと思うのです。そして、舞台もライブもきっとそう。瞬間、瞬間、魂と魂が触れ合い、ぶつかり合うからこそ、人間同士の化学変化が起こる、時間や空気の質が変わる、そして、自分の中の結末が変わる……。

35話

「当たり前を喜ぶことで、『何か』が育つんだから」

週明け、早めに届くように書類を送らなくてはならないことを思い出しました。しまった、準備しなくちゃ。封書の重さを量ると、4部送るうちの2部が84円、もう2部が94円。あっ、家には84円切手しかない……。近所のコンビニエンスストアに走りました。日曜の朝、8時過ぎ。女性店員がひとりカウンターに立っているだけで、静けさに包まれていました。「94円切手を2枚ください」とお願いすると、「少々お待ちください」と言いながら、カウンター内にあったファイルを取り出し、「すみません、94円切手がないので、84円と10円の組み合わせでもよろしいですか？」と彼女。もちろん、私は問題なし。小銭を準備し

て、待ちました。すると……？　「お使いになりますか？」。笑顔の彼女が手にしていたのは、事務用スポンジ。切手や印紙を貼るときに裏面を濡らすためのものでした。私が封筒を忍ばせていたことに気づいたからでしょうか、それともマニュアル通りなのでしょうか？　いずれにせよ、その気遣いを私はとても嬉しく思いました。目尻をしっかり跳ね上げたアイラインに存在感のあるつけまつ毛。肌も唇も髪も、どこか「ドール」を思わせる、今どきの女性。20歳前後かな？　正直、意外でした。さらりとした気遣いと派手な見た目とのギャップ。だから余計に深く、この出来事が心に刻まれたのです。

気の置けない友人ふたりとの食事の最中、早速、報告しました。彼女の行動に、図らずも感動させられたのだと言って。すると、「当たり前と言えば、当たり前だけどね」とひとり。それに対し、もうひとりの友人がこう言ったのです。「いやいや、当たり前を喜びたいよね。当たり前を喜ぶことで、『何か』が育つんだから」。「何か」とは、ひと言にすると「幸せ」なのだと友人は言いました。日常は当たり前だらけ。それに対して、喜びを感じられるか否かで、日常が大きく変わる。「日常が変わると、人生が変わるじゃない？」。

彼女が派手じゃなかったら？　彼女が若くなかったら？　私は、この出来事を当たり前と気にも留めなかったかもしれない……。彼女の見た目に感謝しつつ、もっと意識したいと思いました。当たり前を喜ぶ心持ちが幸せを育てる、そう自分に言い聞かせたい、と。

36話

「シワを怖がる暇があったら、本を読むこと」

「シワを怖がる暇があったら、本を読むこと」。久しぶりに上京した母に聞いた、生前の父の言葉です。鏡を見てはここにシワが、あっ、ここにもシワがと嘆く母に、父はこう言ったというのです。見た目を気にしたり、老化を恐れたりする時間をそのまま本を読む時間にあてて、中身を耕し、磨き、豊かに生きるほうがずっといい。そうすれば、シワは味わいになる、シワを凌駕する魅力的な顔になる。見た目は中身についてくる……。言いたかったのはきっと、そういうこと。典型的な「昭和の男」だった父にこんな感性があったなんて！　見た目と中身の関係を鋭く指摘された気がして、静かな興奮を覚えました。

職業柄、私は俳優の女性たちにお目にかかる機会に恵まれます。実際、目の当たりにすると、確かに、見た目が圧倒的に美しい。でも、その美しさは決して表面的なものでなく、「奥行き」があることに気づかされます。ここで言う奥行きとは「心の襞(ひだ)」みたいなもの。揺るぎない意志を感じる強い視線にも、すべてを包み込むような慈愛に満ちた笑顔にも、シミとかシワとか、そういう老化のサインをかき消してしまうような力があると感じるのです。妻や母としての顔も持つある人は「俳優という職業は、とてもラッキーだと思うんです。なぜなら、日々味わう感情がすべて、言ってみれば、生きていること自体が、いい演技につながるから」と言いました。子供のころからその職業に就くある人は「自分の人生で経験するよりも先に、役の人生で感情を想像し、表現してきたから、誰よりいろいろな感情を知っているつもりでいたけれど、実際に『何か』が起こると、まったく違ったりして。その両方が今に生きてるんですよね……。だから、今が楽しくて仕方ないんです」と言いました。演技をするたびに、感情の起伏が増え、幅が広がっていく。それが見た目に刻まれるから、彼女たちは美しいのじゃないか、そんな気がしてならないのです。

「本を読む」は、「映画を観る」でも「音楽を聴く」でも「アートに触れる」でもいいのだと思います。大人になるほどに凝り固まりがちな感情を、意思を以て揺り動かすこと。喜怒哀楽のどれも億劫がらないで。その積み重ねがきっと、奥行きに繫がるはずだから。

37話

「経年変化を楽しめるんですよね」

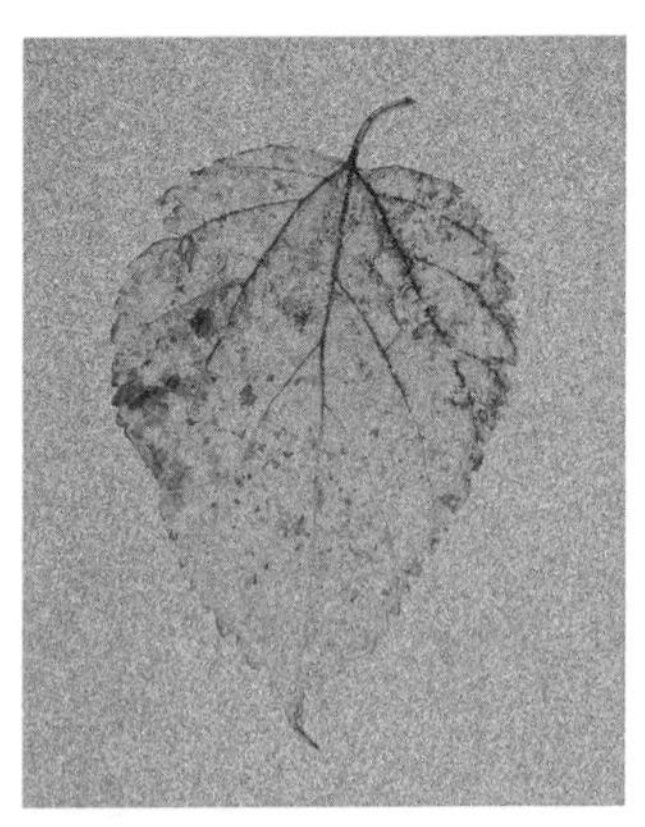

革新的な化粧品を続々と発表し、業界の枠を超えて一目置かれているポーラ・オルビスホールディングス。じつは、企業として「日本の工芸品との出会いを創る」ことをミッションに「セレンドゥース クラフツ」というプロジェクトを立ち上げたそうです。伝統を守り、新たな価値を見出し、未来へと繋ぐ。それは、美しく生きることと同義である気がして、感銘を受けました。プロジェクトの一環として行われた「未来につながるものづくり」という展覧会でのこと。西陣織 箔屋「楽芸工房」三代目であり、経済産業大臣指定の伝統工芸士に認定されている引箔(ひきはく)作家、村田紘平さんのお話を伺いました。伝統的な技術を守

りながら、新しい挑戦を重ね、次なる伝統を創りたいという村田さん。実演を交えて披露された技術とセンス、引箔の美しさにその場にいたすべての人から思わず、溜め息。西陣織について、引箔について、それらにまつわるあれこれについて熱く、でも軽やかに紡がれる言葉に、心を揺さぶられました。中でも、はっとさせられたのは、話の流れで何気なく放たれた、こんなひと言。「焼箔は、経年変化を楽しめるんですよね」。

聞けば、焼箔とは、銀箔を変色させる加工とのこと。燻すことで引き出されるたったひとつしかない味わいや、時間が経つほどに次第に増す風合いが楽しめるのだそうです。金箔はもちろん美しいけれど、年月をかけてゆっくりと色を変えていく焼箔は、それ以上に美しいと村田さん。完璧を目指し、ずっと変わらない美しさ＝金箔だとしたら、黒ずみや傷みにも見える個性が、変わり続ける美しさ＝焼箔。そう言われたような気がしました。私たちのエイジングに対する心持ちと、置き換えてみると？　完璧は美しい。でも、でも……、ひとつしかない個性も美しい。そういう感性を持てば、「私」を、「今」を、もっと楽しめる、もっと愛せる。日本が誇る伝統と、挑戦から生まれる進化と。両方から「生き方」を教わったような気がしました。

まわりや時代に翻弄されることのないぶれない人、それでいて、未来に向けて変化を恐れないしなやかな人でありたいと改めて思いました。互いに個性をリスペクトし合って。

38話

「『悪くない』と『いい』には、雲泥の差があるのよ」

「ゆっくりランチでも、しない？」。知り合うきっかけは仕事だったものの、今ではプライベートな話も互いに報告したり相談したりし合う、気の置けない友人と、久しぶりに会いました。いつ会っても明るく穏やか、でも、今回に限っては、ほんの少しだけ、仕事に対して「不満」があるようでした。よくよく聞いていると、それは決してネガティブなものではなく、むしろ、もっと仕事の質を上げたい、もっと高みを目指したいというポジティブなものでした。「仕事内容も人間関係も、悪くないんだけど、ね」と彼女。それに対して私は、こうアドバイスしました。「『悪くない』は『いい』とは違うんだよ。今に留まるより、先に進んだほうがいいんじゃないかな？」。

こんなにもきっぱりと断言できたのには、理由がありました。私自身がこの言葉に「気づき」をもらった経験があったから。取材で美容の大家にお目にかかったときのこと。「女性に『今使っているスキンケアは、どう？』と聞くと、不思議と皆『悪くない』って答えるのね。私はいつも、こう言うんです。それじゃ、綺麗になれない。『悪くない』と『いい』には、雲泥の差があるのよ、と。ときめいているか否かという、大きな差が、ね」。

そもそも、悪くない、つまり、可もなく不可もなく、と思っているものが自分を上向かせてくれると思う？　その人は言いました。私の場合は、どうだっただろう？　悪くない、の積み重ねだろうか、それとも、いい、の積み重ねだろうか？　自問するうち、もしかしたら、スキンケアだけじゃないのかもしれない、と思ったのです。ふと、思い出しました。『着られる』洋服と『着たい』洋服は、違う」という、ある女性スタイリストの言葉。体が入るから着られる、古くないから着られる、それでは毎日がつまらないでしょう？　纏うことで、背筋がぴんと伸びたり、気持ちが高揚したり。そんなふうに洋服選びをしてほしい……。化粧品も洋服も、食事も住まいも、仕事も恋愛も。もちろん、すべてとはいかないけれど、でも、「いい」に変えられる「悪くない」があるに違いない。心の中でひとつひとつ見直してみよう。今日という一日が、ひいては長い長い人生が上向くと信じて。

39話

「私は、自分の足で登りたいと思うんです」

美しさを保つ秘訣を聞くインタビューでお目にかかったモデルの女性がいます。当時、その人は30歳。どんな肌質ですか？　肌悩みは何ですか？　スキンケアで心がけていることは？　食事は？　運動は？　ごくごく表面的な質問を重ねたあと、最後に「これから、どんなふうに年齢を重ねていきたいですか？」と、問いかけてみました。「山登りにたとえると、ね。車で頂上を目指すのじゃなくて、私は、自分の足で登りたいと思うんです。時間もかかるし、汗もかく、筋肉痛になるかもしれない、でもそんなふうに、年齢を重ねていきたいなあ、って」。山登り？　えっ、どういうこと？「車移動は確かに楽。でも、風

も匂いも温度も湿度も感じられないし、花や鳥に出合う素敵なハプニングもない。それじゃつまらないと思うんです。自分の足で登れば、自然の息吹や気候の変化を肌で感じられますよね？　もちろん、道が凸凹しているかもしれないし、急に嵐になるかもしれない。息切れするかもしれないし、足にまめができるかもしれない。でもその分、澄み渡った青空への感謝や、雄大な眺めへの感動が何倍にも何十倍にも膨れ上がる気がして」。

はっとさせられました。美しさも生き方も、どこかインスタントに、コンビニエントに、を求めるムードが高まる中、彼女の言葉がとても新鮮に響きました。

「自力で登ると、何より想像力が鍛えられると思うんですよね。起こりうる事態を想像して、前もって準備をするから、余裕が生まれる。思わぬところで痛さや辛さを、身を以て味わうから、他人の気持ちを想像して、優しさや慈しみが生まれる。その経験が人としての奥行きやタフさを創るんじゃないかって。もちろん、老化が怖くないわけじゃないけれど（笑）、そういう美しさは、きちんと年齢を重ねないとでき上がらない気がするんです」

「簡単」や「便利」がいともたやすく手に入る時代。でも、それが当たり前になりすぎて、喜怒哀楽のコントラストが弱まり、いつのまにか感謝も感動も薄らいでしまったのではないでしょうか？　だから、できるだけ自力で。「面倒」と「不便」も悪くないじゃない？　そう思える大人が、今だからこそ格好いい気がするのです。

40話

「ひとつは柔軟性、もうひとつがその真逆の執着心」

リチウムイオン電池の開発で、2019年のノーベル化学賞に輝いた、旭化成名誉フェローで名城大学教授の吉野彰さん。聞けば、ずっと有力候補とされていて、「ようやく来たか」という受賞とのこと。どれだけ私たちの生活に革命をもたらし、未来の可能性を無限に広げるものであるかを知って、その偉業に改めて感動し、感謝した人もきっと多いはずです。会見で奥様とともに見せた「笑顔」は、吉野さんのすべてを物語っていたのでしょう。紡がれるひとつひとつの言葉には、ぐっと引き込まれるものがありました。中でも、研究者に求められる「姿勢」を問われたとき……。「基本的に、ひとつはやっぱり頭が柔らかくないといけないんですよね。柔らかさ、柔軟性ですよね。で、もうひとつがその真逆の、いわゆる執着心っていうんでしょうか。しつこく、しつこく、最後まで諦めない。このふたつが必要だと思います。で、いちばん難しいのは、その剛と柔をどう自分でバランスを取るか、これが非常に難しい点だと思います。固いばっかりですとめげちゃいますし、柔らかいばっかりだと何も前へ進みませんのでね。大きな壁にぶち当たったときも、まあ、なんとかなるわねと、そういう柔らかさが絶対要るんじゃないのかなと」。

人生に対する姿勢そのもの、そう思いました。諦めない執着心と、なんとかなるという柔らかさと。両方がバランスよく存在して初めて、自分らしさが構築されていくのだと言葉にされたようで、はっとさせられたのです。じつは最近、とても些細なことなのだけれど、仕事でぶち当たった壁がありました。「こうしたい」という思いをなりふり構わず貫くべきか、それとも「まあ、いいか」とさらりと見て見ぬふりをするか。その話を、尊敬するスタイリストの女性にしたら……？　『本音』を『建て前』で包み込んでまわりに伝えること。それが前向きに『形』にしていく秘訣なのかな、と。私も最近、気づいたんだけど、ね」。まさに、「北風と太陽」。意固地になるのでなく、でも進むべき道は見失わない。頑なになりそうだった自分がふわりと解されたような気になりました。仕事も人生も、剛と柔を大切にしたい。それがこれからを楽しくする秘訣に違いないと思うから。

41話

「傷つかなくちゃ、味わいなんて生まれないんじゃないかな？」

美容・医療ジャーナリストとして活躍する、海野由利子さん。ほんの小さな出来事でも会話をどんどん広げて、最終的には「美容って？」「美しいって？」「大人って？」と、「哲学的」な結論に導いてくれる、尊敬してやまない女性です。その日もそうでした。きっかけは、何だったか忘れてしまったほど些細なこと。次第に「最近の若者は傷つくのを恐れて、新しいことに挑戦できない、自分のエリアから出ようとしないんだって」「傷つくのを怖がっていたら、何もできないよね」「それじゃ、可能性が狭まって成長できないんじゃないかなあ？」「何より、人生がつまらない気がする……」。すると、海野さんがひと言。「傷つか

なくちゃ、味わいなんて生まれないんじゃないかな？　『こんにゃくの煮しめ』だって、そうでしょう？　傷から味が染みるものなんだから」。思いもよらないたとえに、思わず膝を打ちました。ああ、そうだった！　傷から味が広がる。傷ついて初めて、強くなったり優しくなったりして魅力を増す。シンプルな真実に改めて気づかされたのです。

じつは、10年以上が経つ今でも、ことあるごとに思い出して、胸が熱くなる話があります。シングルマザーであるモデルの女性にインタビューしたときのこと。当時まだ5歳だったお嬢さんについて、これからどういう人に成長してほしいですか？　と問うてみたところ、こんな答えが返ってきました。「娘には、できるだけ傷つかないでほしいと思うんです。でも、ね。一方で、できるだけ傷ついてほしい、とも思うんです」。一生、痛い思いをしないですむなら幸せかもしれない。でも、それでは心の起伏も表情の豊かさも生まれない。他人の痛みがわかる思いやりのある人になってほしい。幅や奥行きを持つ大人になってほしい。素敵な女性になってほしい。傷つくことを怖がらず、立ち直る力を培ってほしい。母親として全力で支えるから、と……。

振り返ると、仕事でもプライベートでも、傷ついた経験が今の自分を創っていると思えます。あれがなかったら、これがなかったら、自分はいない。これからも傷つくことを恐れない弾力のある心でありたいと思います。味わいのある大人になるために。

42話

「『今日はいいや』をなるべく減らす」

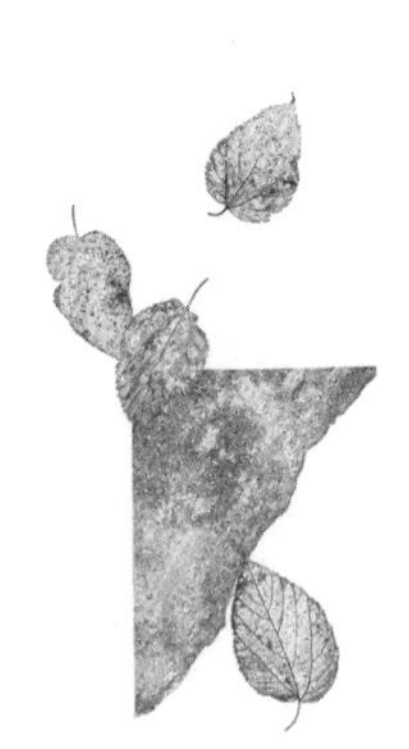

千葉ロッテマリーンズ・佐々木朗希(ろうき)投手のインタビュー記事を読みました。高校野球にもプロ野球にも疎い私ですが、彼の存在は知っていました。小学生のときに東日本大震災で大切な家族や実家を失ったこと、そんな中、地元で野球を続け、今に至っていること。加えて、記事を読んで、高校生の日本歴代最速の記録保持者であることを初めて知りました。純度の高さがそのまま引力になったような、あの凛とした瞳はきっと、心にも体にも、自身で本物の強さを育んできた証なのだろうと想像しました。佐々木投手は、その記事で、こう語っていました。「一日の中でやることを決めたら、必ずやるようにしています」。続

けて発せられたのが、この言葉。

「『今日はいいや』をなるべく減らす」

どきりとさせられました。自分と重ね合わせるには、年齢も立場も環境も何もかも違いすぎるけれど、それでも、ピュアな言葉は私の心にまっすぐ届きました。年齢を重ねるほどに、「今日はいいや」が積み重なっていくのを感じていたから。今日の「今日はいいや」が明日の「今日もいいや」に繋がることを知っているから。そんな整わない毎日に後ろめたさを感じていたから。読み進めていくと、大きな目標に向かうための心の支えのひとつが、地元の同級生の存在であるとしながら、でもいちばんの支えは「自分の未来」であり、「こういう自分になりたい」という思いなのだと、彼は語っていました。

ああ、私の毎日に「今日はいいや」が積み重なっている理由はここにある。そう痛感させられました。「したいこと」でなく、「できないこと」ばかりを挙げては、時代のせいや、環境のせいにして溜め息をつく。その結果、まるで、日めくりカレンダーを引きちぎるかのように、はい次、はい次と、一日一日があっという間に過ぎていく……。少しだけ見失っていました。どんな自分になりたい？　どんな自分でありたい？　ってことを。

もう一度、背筋を伸ばしたい。あっ、でも……！　だからといって自分をがんじがらめにして心を締めつけたり、押し潰したりしないよう、大人の余裕やユーモアは持ちながら。

43話

「『敬意を払うことができる人』が、目標になりました」

学生時代、寮の同じ部屋で暮らした親友がいます。朝も夜も、授業のない日中も予定のない週末も一緒にいたのに、話しても話しても、話し足りない毎日。笑ったこと、怒ったこと、傷ついたり落ち込んだりしたこと……、自分に起こった「すべて」に対して、思いもしない視点をくれる彼女を、年下ながらずっと尊敬していました。あれから30年以上。じつは、彼女のいちばん下のお嬢さんであるNちゃんが大学生の間、私は取材のデータをまとめる仕事を手伝ってもらっていました。メールでやり取りをするたび、その仕事を経て得た自分なりの感想を必ず言葉にしてくれたNちゃん。いつの間にか私は、そのひと言を楽しみに待つようになっていました。ピュアでフレッシュで、私にはなかった視点に、刺激を受けていたのです。さすがは母娘、ふたりの感性はよく似ていると感動しながら。

そして今春、Nちゃんは晴れて、大学を卒業。ジュエリーの会社に就職を決めたと、私に報告メールをくれました。そこにはこう綴られていたのです。

「このお仕事をさせていただいて、本当にありがとうございました。とても貴重な経験をさせていただきました。その中で、『人とものに敬意を払うことができる人』というのが、今の私の目標になりました。そのために、ものづくりを大切にしている会社を選びました。作る人、使う人、製品、そのすべての幸せに貢献できるような仕事をします……」

「敬意」という言葉に、はっとさせられました。じつは最近の私にとって、最大のテーマだったから。年齢を重ねるほどに、「幸せ」が「感謝」の上に成り立っていて、「感謝」が「敬意」の上に成り立っていて、それがすべてのスタートに違いないと感じ始めていたからでした。あらゆることがインスタントに叶い、「本物」とフェイクの境界線が曖昧になっている今という時代だからこそ、もう一度、意識し直したいと思うのです。人に対してはもちろん、服にも化粧品にも日常触れ合うものすべてに対して、その裏や奥にあるフィロソフィやストーリーを感じ取れる人でありたい。Nちゃん、私のほうこそありがとう。ピュアでフレッシュな感性に触れ、溜め込んでいた「錆」や「澱」が解けて、心が晴れました。

44話

「……、『ユーモア』かな?」

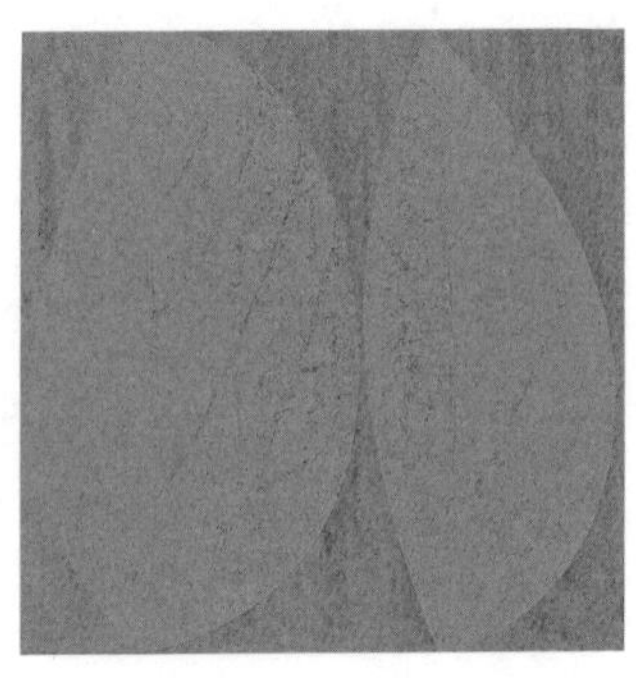

10年ほど前になるでしょうか? ある女性アーティストへのインタビューで発せられたひと言に、はっとさせられました。「生きるうえで、もっとも大切にしていることは何ですか?」との問いに、押し黙ったあと、ふわりと優しい声で「……、『ユーモア』かな?」。その言葉には、思わず引き込まれる不思議な力が宿っていました。

沖縄出身のその人は、幼いころから「おばあ」たちの戦争体験を聞き、育ってきたのだそうです。それはそれは壮絶な出来事を、笑いでくるんで穏やかに、でも、力強く話すおばあたち。その溢れる生命力みたいなものが、自分にとっては憧れなのだと言いました。

だから、人生を生きる上で、自分を生かす上で、もっとも大切なのは、ユーモア。悲しいとき、辛いとき、苦しいとき、ユーモアは自分を「逃がし」「慰め」「支え」てくれる。つねに心に、ほんの少しだけユーモアを思い描ける「余白」を持っておきたい……。ユーモアという言葉の軽やかさと重みを、同時に思い知らされたインタビューでした。

コロナ禍によって自由が奪われるのを感じるたび、この言葉が幾度となく脳内を巡っていました。どんなときも、ユーモアを忘れないでいたい。自分を笑わせられる人でありたい、誰かを笑わせられる人でありたい。ところが、いざそういう状況に陥ったとき、ふと気づくと、余白など一切なく、笑うことも笑わせることもできない自分がいる……。この話を友人にしたところ、深く頷いて「ちょっとだけ、わかる気がする」と言いました。「取るに足らないことだけれど、リモートの打ち合わせや会議って、冗談が言えないと思わない？　無駄な話題や余計な言葉はそぎ落とさなくちゃいけないムードだし、そもそも、場の空気や人の温度が読めない、言葉と言葉の間(ま)もつかめない……。これじゃあ、アイディアも絆も生まれないよね。じつは、ユーモアに宝物が隠れているのに」。

人に会えない、外に行けない、そんな状況が私たちの「ユーモア力」を奪ってしまったのかもしれません。無駄も余計も、ときに私たちを豊かにするはず。おどけてみる、ふざけてみる、それも今という時代を生き抜くために必要なセンスと知性なのだから。

45話

「『変わらない』なら、『変わろう』と思って」

コロナ禍のある日、化粧品会社主催の「オンラインランチ会食」に参加しました。普段自分では選べない贅沢なランチのデリバリー、画面越しながら久しぶりに会う仕事仲間たち……。どきどきしながらそのときを待ちました。皆で挨拶を交わし、ひと息ついたころ、ふと画面を見ると「あれっ?」。公私ともにずっと慕っていて、こんな状況になるまでは頻繁に顔を合わせていた美容ジャーナリストの吉田昌佐美さんに目が釘付けになりました。長く伸ばしていたはずの髪が、肩上のボブになってる……? ロングヘアがトレードマークだった彼女のミディアムヘアはとても新鮮で、顔色や表情さえも違って見えました。ロ

ングヘアも素敵だったけれど、この髪型のほうが性格や装いに合っている気もする！　そう言いたいと思いながら、ほかにたくさんメンバーがいるからと、発言のタイミングを逸していました。そのうち、誰からともなく発せられた「髪、切りました？」との問いに、「そうなの！」と彼女。続けて、こんな言葉が飛び出しました。「状況が『変わらない』なら、自分が『変わろう』と思って」。

どきりとさせられました。心のどこかで、変わらない状況ばかりに目を向け、そのせいにして、変われない自分を正当化しているように感じていたから。変わらないなら、変わろう。そう言って軽やかに一歩を踏み出し、伸びやかで晴れやかな笑顔を湛えている彼女に、肩を叩かれたような、背中を押されたような、そんな気がしたのです。それは、未曾有の出来事に誰もが等しく恐怖や不安を抱いた時期を経て、それぞれが日常を取り戻そうとしていたころ。「立ち上がれないのは、私だけ？」という、次なるストレスを抱えている人も多い時期でした。この経験をした私たちは、思考も行動もコロナ前には戻れない。いや、戻るのでなく、進む。この経験を肥やしに、力強さやしなやかさに変えて、もっと軽やかなコロナ後にしたいと思うのです。自分にとっての「一歩」は、何？　吉田さんのように、髪を切るのもいい。欲しかった服や靴を手に入れるのもいい。トレンドの口紅やネイルに挑戦するのもいい。自分を変える、自分から変わる。心が少し弾み始めました。

46話

「不平不満は、もう古いかなあ、って」

ひとりはファッション業界、ひとりは出版業界。ジャンルはまったく異なるけれど、それぞれに第一線で活躍するふたりの女性と一緒に、あるプロジェクトを進めることになりました。30代になったばかりという彼女たちは、学生時代から長く深く付き合っている親友同士。ふたりともすこぶるお洒落で、底抜けに明るくて、知的でエネルギッシュで、ユニバーサルな視点を持ちながらも肩の力が抜けていて……。年齢やライフスタイルの違いから、共通の話題は果たしてあるだろうかと緊張しながら、打ち合わせの場に向かったものの、会った瞬間に彼女たちを大好きになりました。ファッションのこと、美容のこと、クリエイションのこと、サステナビリティのこと、今まで頑張ってきたこと、これから目指したいこと……。そして、ふたりは、互いにこう話し始めました。「ファッション業界も出版業界も、たくさんの課題があるんですよね。もっとこうならいいのに、どうしてこうならないんだろう、おかしいよね、変だよねって、ふたりでよく話しているんです。ただ……、文句や愚痴を言っているだけって、生産性がないよね、とそのたび、思い直す。時代は進化しているし、世界は繋がっているのだから、変えればいい、作ればいい。そう、不平不満は、もう古いかなあ、って」。これは嫌と不平を言っているくらいなら、今すぐ変えよう。今ないと不満を言っているくらいなら、新たに作ろう。軽やかに、でも力強く放たれた言葉に、はっとさせられました。ふたりのまっすぐに光を放つ瞳と、口角の上がった笑顔とともに、私はあの瞬間を忘れないと思います。

年齢のせい？　時代のせい？　いや、ほかの誰のせいでもなく、自分自身の問題でした。不平不満がありながらも、これが慣例だから、これが常識だからとそのままにしているうちに、次第に感覚が鈍くなっていた気がします。ふた言目には、「どうせ」「だって」と言い訳をして、また同じ文句、愚痴を言う……、みたいに。でも、彼女たちの姿勢に触れて、背中を押された気がします。年齢も立場も違うけれど、私も変えたい、作りたい。そして、彼女たちが築く未来は、きっと鮮やかで豊かに違いないと、ときめいているのです。

未来にときめく

～年齢を重ねるのを面白がれる言葉

私のまわりには「年齢が似合う」人が多くいます。見た目が若いころと変わらないというより、むしろ年齢を重ねるほどに印象が研ぎ澄まされている、という……。その人たちに共通しているのは、何歳になっても気づきや学びを得て、「自分はまだまだ、青い」と感じていること。変わらない自分の軸を持ちながらも、大人なりの好奇心や向上心を持ち続け、軽やかに自分を更新し続けているように見えるのです。年齢とともに、パワーやスピードは衰えるけれど、だからこそできることがある。パワーやスピードが強すぎたり速すぎたりすることで視野が狭まっていた若いころと逆で、弱くなったから、遅くなったから、視野が広がり、まわりが見える、自分が見える。私も年齢が似合う人になりたいと思います。弱さや遅さを味方につけながら。

心を染める言葉

Words to dye the heart

from a certain person

「幸せは
『好き』で
できている」

――ある芸人

「あなたの元気が
私の元気、
あなたの幸せが
私の幸せ」

——ある母

「晴れだと心が上を向く、
雨だと心が下を向く、
それが自然」

――あるシェフ

「自分を信じ、そして疑え」

——ある映画

「人の心に届いて初めて、
表現なんだな、って」

――あるフォトグラファー

Words to dye the heart
from a certain person

通りすがりに、宝物
～すれ違う人からの温かい言葉

5
Treasures on the way
Warm words from strangers

47話

「お大事に」

「楽な靴」ばかりを選んでいることに、心のどこかで後ろめたさを感じていました。綺麗を諦めるような、ときめきを忘れるような、そんな気がしていたから。このままじゃいけないと、勇気を出して買ってみたのは、ひと目惚れしたオレンジブラウンの厚底パンプス。わくわくしながら、初めて履く日を待ちました。あまり歩かなくてもすむ日を選んだつもりだったのに、家を出てさほど時間が経たないうちに、案の定、「なんだか、痛い」。見ると、右足のかかとと左足の甲が、赤くなってる。やっぱり絆創膏はポーチに入れておかなくちゃいけないよね、と自分の軽率ぶりを反省するも、ときすでに遅し。急いで、近くの

コンビニエンスストアに駆け込みました。携帯に便利なサイズを手に取り、レジに並び、ようやく私の番。「レジ袋は結構です」と事務的に言って精算を終え、絆創膏を受け取ろうとした、そのとき……！「お大事に」。30代後半でしょうか、それとも40代？ほとんどノーメイクながらほどよく艶のある肌で、ヘアスタイルをコンパクトにまとめた店員の女性が、私の目を見て、にっこりと笑い、そう話しかけてくれたのです。私が驚いた顔をしていたからでしょう。「靴擦れかな、と思いまして……」「そうなんです、初めて履いた靴だったので」「靴擦れって、痛いですよね、お大事に」。

じつはこの日、靴擦れだけではありませんでした。乗ろうと思っていた電車に間に合わないし、傘を持っていないのに不意に小雨が降り出すし、タクシーに乗ろうとしたらなかなか捕まらないし……。「ついてない」の連続。誰のせいでもないのだけれど、いや、だからこそ余計に、ぶつけどころがなくて、私は不機嫌になっていました。そんな棘だらけの心に「お大事に」がすーっと浸透して、つるんと整え、ふっくらと柔らかくしてくれたのです。この人はきっと、レストランでもスーパーでもエレベーターでも、誰かと言葉を交わしているだろう。通りすがりの人にも笑顔を向けているだろう。何より、仕事や人生への誇りを持っているだろう。そう思いました。また今度、立ち寄ってみようかな？会えたら、お礼を言ってみようかな？次は私のほうから、話しかけられそうな気がします。

48話

「気をつけて」

この日も朝からついていない出来事の連続でした。ダイニングテーブルを動かして掃除をしていたら、急ぐあまりペンダントライトのランプシェード端に生え際をぶつけ、額に小さな傷ができたこと。パソコンで原稿を進めていたら、もう少しで完成というところですべてを消してしまったこと。一度しかはいていない大好きなレザーのパンツをはいたら、出かける直前にファスナー横に破れを見つけたこと。「まったく、もう」と苛立ちながら、ばたばたと撮影に向かいました。駅のホームでこれから行くスタジオの地図を確認するために、バッグからスマホを取り出そうとしたら……、あれっ？　ない。バッグのポケット

にも、ポーチの中にも、どこにもない。家に置き忘れたのでした。取りに帰ると遅刻は間違いない、迷う暇もない。おぼろげな記憶とタクシーのカーナビを頼りにそのまま向かうことにしました。ところが、タクシーがなかなか捕まらない、ようやく捕まったと思ったら、「僕も今日、スマホを忘れたんですよ」。通りがかりの女性やコンビニの店員に尋ねるも「さあ?」。交番も見当たらない、公衆電話も見つからない……。おそらく、近くまで来ているはずだけど辿り着けない、ああ、今、何時なんだろう? スマホを奪われると何もできないと、改めて愕然としました。藁をも摑む思いで駆け込んだドラッグストアの入り口にあるクリーニング店の女性店員に事情を話しました。息切れしながら要領を得ない説明をする私に、最初は怪訝な顔をしながらも、自身のスマホで検索してくれて、笑顔で「結構近いみたい。ここからー～2分だと思いますよ」。よほど私を気の毒に思ったのか、一緒に店を出て進む先を指し示しながら、コインランドリー前の横断歩道を渡ってね、大きなマンションの向こう側だから、とそれはわかりやすく説明をしてくれました。そして、最後にひと言、「気をつけて」。心に染み渡るようでした。駆け出してからもう一度お辞儀をしようと振り返ると、その人はまだそこにいて、優しい表情で見送ってくれました。

二度とこんな経験はしたくない。でも……、女性の温かさに触れられて本当によかった。情けない一日を大団円のオチに変えてくれたあの人に、心から感謝したいと思うのです。

49話

「いつかまた、お目にかかれますように」

暮れも押し迫った、夕暮れどき。その日私は、日本橋三越本店内のカフェで打ち合わせの約束をしていました。あまり縁がなく、数回しか行ったことのない、不慣れな場所。迷ったらどうしよう、遅れたらどうしようと不安に思いながら、地下鉄ホームの案内板前に立っていました。するとうしろから「あの……」と、ご婦人。ちょうど母ぐらいの年齢でしょうか。「日本橋三越本店に行きたいのですが、どの方向か、教えていただけませんでしょうか?」。艶やかな白髪、穏やかな笑顔、明るい肌、柔らかい声。素敵な女性であることは、一目瞭然でした。「私もちょうど、日本橋三越本店に行くところなんです。詳しくはないの

ですが、もしよろしければ、ご一緒しませんか？」。その人は、「私たち世代には、憧れの場所なんですよ」と笑いながら、近くで用事があったので、せっかくだから久しぶりに立ち寄ってみようと思ったのだと教えてくれました。鳥取出身の私にとっては、日本橋はおろか、東京そのものが憧れの土地だったんですと言うと「あら、私、仕事の関係で、以前、何度か伺ったことがあるんですよ。とても素敵なところですよね」と故郷を褒めてくれ、話の流れで、小児医療に携わっていたけれど、昨年引退されたということも知りました。たわいのない、でもわくわくする話を10分あまり。いよいよ、目的地というところで、女性は「私、地下の食品フロアに寄っていきますね。あなたのおかげ様で、無事辿り着くことができました。本当にありがとうございました」と言ってくれました。そして別れ際に、ひと言。「いつかまた、お目にかかれますように」。眩しいばかりの笑顔。なんと、美しい女性なんだろう。私はとっさに、「きっとまた、お目にかかれますね」と答えていました。

じつは、ここだけの話、打ち合わせのあと、私も少しだけ食品フロアに立ち寄りました。「いつかまた」をすぐに実現させたくて。残念ながら、お目にはかかれませんでしたが、今なお、私は、どこかで偶然を心待ちにしているのです。この女性の言葉で、何気ない一日が特別な一日に変わりました。もしかしたら、特別の「種」はどこにでも転がっているのかもしれない。前を向いて上を向いて歩こうと思いを新たにしています。

50話

「……、いただきます……」

不穏な空気は漂っていたものの、ここまでの状況に陥ろうとは予想だにしなかった、コロナ禍直前のこと。仕事でパリを訪れました。行きの機内、水平飛行になってようやく安定し、飲み物が配られ始めたタイミングでした。いつの間にかうとうとしていた私は「やっぱり、無理みたい」という女性の囁く声で目覚めました。ふと見上げると、隣に座っていた高齢のご婦人ふたり組のうちのひとりが、上の棚に入れた何かを取り出そうとするも、手が届かず、物入れの扉を開けられない、荷物を取り出せない。そして「やっぱり、無理」だったようでした。キャビンアテンダントを呼ぶほどのことじゃない、背はさほど高いほ

うではないけれど、それくらいなら私にもできそう。「お手伝いしましょうか？」と声をかけてみました。言われた通り、小さなバッグを取り出し、手渡すと、申し訳なさそうに「ごめんなさいね、私は背が低いものだから。ありがとうございます、助かりました」と言い、長く付き合っている友人同士の旅行であること、パリ経由でモロッコに行くこと、モロッコへの旅が初めてであることなど、目をきらきらと輝かせながら話してくれました。そんな最中、私たちのテーブルの上に機内食が置かれ、束の間の会話は途切れて、それぞれの時間に戻りました。すると、食事を前に、ふたりはまるで申し合わせたように姿勢を正して手を合わせ、静かにゆっくり「……、いただきます……」と優しい声を発したのです。当たり前の言葉に、こんなにもはっとさせられるとは思いませんでした。片や私は、心も頭も「無」。飛行機にさほど乗り慣れてもいないくせに、仲間内の軽いのりで機内食の「悪口」を言ったりして。非日常を楽しむ気持ちも、食事への感謝の気持ちもなかった気がするのです。心のあり方のこの大きな「違い」に、とても大切なことを学びました。

当たり前に感謝できるか。当たり前を楽しめるか、面白がれるか。たとえ、どんな状況にあっても。きっと、私たちは試されているのでしょう。ふと気づくと、まわりには、この状況下で逞しくときを重ねている人ばかり。私もそうありたい。機内の何気ない出来事を思い出しては、そう思うのでした。

51話

「申し訳ないことでございます」

自宅の鍵を開けようとした瞬間、嫌な予感が脳裏をよぎりました。あれっ、そういえばサイズ、確かめたっけ。靴を脱ぎ捨ててリビングに駆け込み、ショッパーの中身を見たら？案の定、間違ってる。ああ、またうっかりミスだ……。じつはこの日、ルームウェアを買いに、あるショップに行きました。悩んだ末、レギンスを黒、グレーと色違いで購入。部屋着とはいえ、新しい服への小さなときめきを感じながら家に帰ったのに、黒のサイズが間違っていたのです。すぐ、ショップに引き返しました。欲しかったサイズのものに取り替えてもらおうと、再びレジカウンターへ。店員の女性に事情を話したところ、返ってきたのは「申し訳ないことでございます」という言葉でした。同じ商品であるにもかかわらず、サイズが異なるのだから、念のためこちらからお声をおかけし、確認するべきでした、と言って。全面的に私のミスなのに、自分たちにも落ち度があったという捉え方に、まずは驚かされ、でも、何より驚かされたのは、その丁寧な言い回しでした。それが正しい日本語であることは多くの人が認識しているはず。でも、言いづらさや勘違いから「申し訳ございません」がすっかり定着してしまいました。私自身、ほんの少しの後ろめたさを感じながらも、同じだけの照れ臭さもあり、話すときも書くときも「申し訳ないことでございます」を使えないでいました。彼女のひと言に触れ、正しい日本語はこんなにも心に深く届くのだと感動させられたのです。そして「私の確認不足で、結局お手数をおかけすることになって」と詫びると「とんでもないことでございます」。30代前半？　20代後半？　弾ける笑顔に、ショップの姿勢やご両親の教育までも透けて見えた気がしました。

　ふと、学生時代、教授に聞いた話を思い出しました。「『雰囲気（ふんいき）』を『雰囲気（ふいんき）』と思い込んでいる人、意外と多いんです。言いやすいからとこのまま間違った思い込みが広がると、そのうち雰囲気（ふいんき）が正しい読み方になるかもしれない。こうして、日本語が日本語じゃなくなっていくことも。『言葉は生き物、だから怖いんです』。できる限り、正しい日本語を意識したいと思います。その意識から放たれる輝きがあると知ったから。

52話

「ごめんなさい、知らなくて」

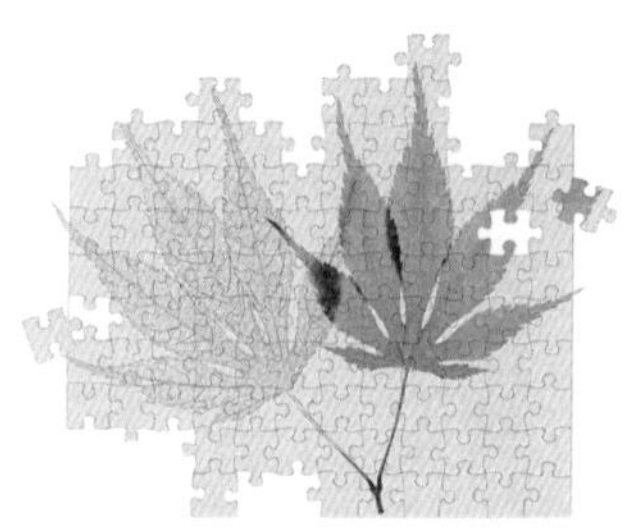

休めば治るはずと眠りについたものの、腹痛はどんどんひどくなるばかり。どうにも耐え切れないと、早朝になって家族に訴え、結局救急車で搬送されました。検査の結果、急性虫垂炎との診断。かなり状態が悪く、急遽手術をすることに。あまりの激痛に意識がもうろうとする中、新人と思しき女性看護師が「足の爪の色、落としてもいいですか?」。手術に備え、ペディキュアを落とさなくてはいけない、ということでした。はい、と頷いたものの、除光液など持っているはずもなく……。どこからそれを手に入れたのかは謎だけれど、彼女が一生懸命、拭き取ろうとしてくれているのがわかりました。すると、先輩看

護師がひと言。「ティッシュペーパーじゃ、落ちないわよ。脱脂綿で！」。その後の成り行きはわからなかったものの、手術は無事終わり、激痛から解放されたのでした。心の余裕が生まれてから、「あのときは、ありがとうございました」とお礼を言いました。首をかしげる彼女に「あっ、足の爪……」。すると、「ああ、ごめんなさい、知らなくて。私、マニキュアを塗った経験がなくて、どうしたら落とせるのか、わからなかったんです」。正直、驚きました。きっと誰より美容に興味のある世代、それなのに、と。同時に思ったのです。化粧気がまったくない彼女は、でも、誰より、光を放っていた。透き通る肌、きらきらした瞳、真っ白な歯、屈託のない笑顔。口をついて出たのは、「なんて美しいの！」。

……、じつはこれ、学生時代の友人の話です。その友人は、こう言いました。「自分のことなど後回しにして、目の前にいる人を救おうと一生懸命生きている彼女を、これが真に美しい人と感じたの」。美容やファッションは、もちろん美しさを創るもの。でも、人の心を動かす美しさとは、作られた外側の形ではなくて、内側から放たれる光にあるのだと、再認識させられました。髪を振り乱して、子供の世話をする母親に、荒れた手で、動物にえさを与える飼育員に、私はたとえようのない、眩しい光を感じたじゃない？　と。

　食べる間も寝る間も削って、私たちのために使命を果たそうとしている医療関係の方々の美しさを心に刻みたいと思います。真剣な眼差しに宿る、眩い輝きを。

53話

「その分、たっぷり心を込めますね」

久しぶりの大阪出張。日帰りではあったものの慣れない土地を訪れる「非日常」にわくわくしていました。ここのところ、いつも「滑り込みセーフ」状態だった私。でもその日は珍しく、ほんの少しだけ時間にも心にも余裕がありました。そうだ、コーヒーショップでカフェオレをテイクアウトして、新幹線でゆっくり飲みながら、本でも読もう。小腹も空いていることだし、贅沢に大きめのサイズにしようかな？ ぼんやりとそう考えながら、列に並びました。順番が巡ってきて、注文を終えると、間髪をいれず「ちなみに、お急ぎですか？」と店員の男性。新幹線を利用する人たちはきっと、大半が急いでる。私が出発まで時間があまりないと言えば、それに間に合わせる段取りを組もうとしてくれたのがわかりました。それはある意味、マニュアル通りの言葉だったのかもしれないけれど、こうして笑顔で気を回してくれた彼に、私は好感を持ったのです。後ろに人が並んでいないのを確認してから、「いえいえ、じつは今日、私にしては珍しく余裕を持ってきたんです。だから、ゆっくりで大丈夫ですよ」と、答えてみました。すると……？「承知いたしました。それでは、その分、たっぷり心を込めますね」。あははと彼はおどけながら、手際よく仕事を続けたのです。センスを感じさせるユーモアに感動し、余裕があると、思いもよらないギフトがもらえるのだと、いつもの自分を反省しました。このエピソードを友人たちに話したところ、「えーっ、素敵な話」「海外での出来事みたい」と大はしゃぎ。そして、ひとりがこう言いました。「関わり合うことを面倒がるのは、寂しいよね」。

ずいぶん前に話題になったニュースをふと思い出しました。小学生の親が、子供が見知らぬ人と触れ合わないように、つまり危険な目に遭わないように、マンション内では挨拶禁止にしたいと提案。それに対して住民も、挨拶をしても無視され、気分がよくないからという理由で提案を受け入れたという……。時代のせいにしてしまえば、それまで。ただ、できることなら、すれ違う一瞬でも笑顔を交わせる人でありたいと思います。人間同士が触れ合うからこそ生まれる温度が、人としての幅や奥行きを育むはず、そう思うから。

54話

「お先にどうぞ」

じつは私、数年前から心がけているひと言があります。それは「お先にどうぞ」。きっかけは取るに足らないことでした。ある朝、エレベーターに乗っていたところ、若い女性が乗り込んできました。きっと、急いでいたのでしょう。乗り込んだ途端、「閉」ボタンをばんばんと連打し、落ち着かない様子でバッグの中のものを探したり、髪や襟元を触ったり。そして、1階に着くと今度は「開」ボタンを連打。扉が開くや否や、一目散に駆け出したのを目撃したのです。まるで私みたい、と思わず、苦笑いしました。ああ、遅刻しそうなんだろうなあ、わかる、わかる……。転ばないようにね、落とさないようにね、と後ろ姿

を見送りながら、ぼんやりと考えていました。こうして削った時間で、何かが変わるのだろうか？　削ることができたのは、おそらく数分？　いや、ほんの数秒にすぎないはず。それなのに、その姿は、大人の美しさからかけ離れている気がして……。自分に置き換えて、急に恥ずかしい気持ちになりました。「我先に」は、得より損が断然、大きいと思ったのです。

どんなに急いでいても、お先にどうぞと譲る決心をしました。一分でも一秒でも早く、我先にエレベーターを出たい、電車を降りたいというシーンは多々あるけれど、「急いでもさほど差はない」と自分を抑えて、無理にでもこのひと言を。すると、自分を抑えた一瞬で呼吸が整う、口角が上がる、物理的にも精神的にも、余裕が生まれる。改めて気づきました。まわりを思いやる言葉のようでいて、自分が調子よく気持ちよく、その日を過ごすための言葉なのだって。そして不思議なことに、たっぷり眠って肌が明るいとき、新しい口紅に挑戦したとき、大好きな洋服を着ているとき……、つまり、自分にときめいている日は、心の底からこのひと言が口をついて出ることにも。

ちなみに、順天堂大学医学部の小林弘幸教授が「お先にどうぞ、は、自律神経を整える魔法の言葉」だとおっしゃっているのを耳にしました。ストレスフルな現代、無駄が嫌われる時代だからこそ、意識的に。きっと、心が動き始めます。

通りすがりに、宝物
〜すれ違う人からの温かい言葉

「今日も一日、頑張ってください！」。仕事の合間が1時間ほど空いて、たまたま入ったカフェで、カフェオレを手渡しながら、新人らしいフレッシュな面持ちの男性が明るく大きな声でそう言ってくれました。「うわあ、嬉しい！　きっと私の今日は、いい日になります」と笑顔で答えると、そこにいた3人のスタッフが一斉に「ありがとうございます！」。顔も名も知らない人、もう二度と会えないかもしれない人。でも、声を掛け合うことで気持ちのあり方がこんなにも変わるのだと改めて思うのです。時代の流れで、特にコロナ禍を経てからは、見ず知らずの人との触れ合いを避ける傾向にある気がします。でも、そこには宝物がいっぱい転がっている。できるだけ言葉を交わしたいと思います。一日を変える、そんな力のある言葉を。

5

Treasures on the way

Warm words from strangers

まるで、小さな哲学者

～子供たちのまっすぐな言葉

6

Like a little philosopher

Children's straight words

55話

「いらっしゃーいっ！」

まだまだ先のことと、のんきに構えていたけれど、あっという間に13年。住んでいるマンションが「大規模修繕」の年になりました。いざそのときを迎えてみると、思いもしなかった「ストレス」がいっぱい。ベランダに置いていたベンチやグリーン、いやタイルまでも片づけなくちゃいけない。一日中、窓もブラインドも閉めっぱなしだし、洗濯物は外に干せないし。作業をする人の気配を感じると、仕事をしていても料理をしていてもどこか落ち着かない。数ヵ月もこんな状態が続くなんて、と憂鬱な気持ちでいました。

そんなある日。エレベーターで、2～3歳の男の子を連れた優しそうな女性に会いました。年齢は60歳前後でしょうか？　聞けば、住まいは、私の部屋の上のフロア。ふたりめの出産を控えた娘に代わり、しばらく孫を預かっているとのことでした。そして、どちらからともなく、「大規模修繕」の話に。その女性の笑顔に誘われるように「窓が開けられないのは、意外とストレスを感じるものですね」と、話しかけてみました。すると……？

「普通は、そうですよね。ところが、この子はどうやら、作業する方がやってくるのを心待ちにしているようなんです。気配を感じると『あっ、来た！』と言って、窓を開けて開けてと私にせがみ、『いらっしゃーいっ！』と迎えるんです。そのたび、お菓子をあげたいとか、一緒に遊びたいとか。もう、恥ずかしいやら、申し訳ないやら……。でも、作業をしている方々は、嫌な顔ひとつせず、『このお部屋の作業が、いちばん楽しいですよ』とおっしゃってくださって。最近では、私までちょっと、楽しみになってきたんです」

思いも寄らない展開でした。普通ならきっと「早く終わるといいですね」「そうですね」と、予定調和の会話を交わし、記憶に残らない日に終わったでしょう。ところが、好奇心に満ちた人懐こい彼のユニークなエピソードは、こんなにも温かい気持ちにさせてくれた。何気ない日常をとびきり特別な日に変えてくれたのです。この日以降も、正直、やっぱりストレスでした。でも、でも……。彼のおかげで、同じ出来事でも、溜め息をつく人とわくわくする人とがいることを知りました。ちょっと得した気分が続いています。

56話

「キャベツに『目』はないよ」

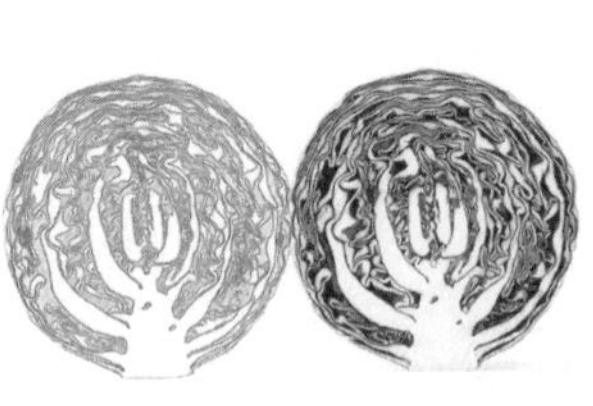

仲間内で忘年会をしようと、ホームパーティに招かれたときのこと。その日のメインは「おでん」。仕切りが付いたおでん専用の鍋に、ひとつひとつ吟味されたこだわりの種、湯気とともにふわんと広がるだしの香り……。「まるで、本物のおでん屋さんみたい」と、歓声が上がりました。乾杯をして、さあ、「いただきます！」。大根にこんにゃく、昆布もはんぺんも美味しそう。何にしようか迷っていたところ、鍋の奥のほうに、手作りのロールキャベツを見つけました。よくよく見ると、通常のものの隣に、ひと口サイズがいくつか。3歳になる友人の子供のために作られたものでした。ところが、彼の取り皿にロールキャ

ベツをのせると「キャベツ、いらない」。中の具だけを食べる彼に、たまたまその隣に座っていた友人が「えーっ、キャベツが食べてほしいって、泣いてるよ」と泣き真似をしました。すると……? 「キャベツに『目』はないよ」。キャベツには目がない。だから、涙は出ない、泣いたりなんかしない。彼が言いたいのは、そういうことでした。ああ、なんて素敵なやり取りなんだろう。キャベツの気持ちになって悲しがった友人と、それに対して、3歳なりの理論を以て反論した彼と。彼の両親も含め、大人たちは、子供の豊かな感性に感動し、大いに盛り上がりました。どれくらい時間が経ったでしょうか? お腹が満たされて、皆がほっと息をついたタイミングで、なぜか彼が突然、自らキャベツを食べたいと言い出しました。ぱくり、またぱくりと、結局、お皿に残っていたキャベツを全部。そして、食べ終わると同時に、泣いてみせた友人にひと言、「ねえ、キャベツ、笑った?」。

年齢を重ねるほどに、知識や経験で忘れたり鈍ったりするものもあると、改めて思い知りました。忙しい、疲れたと溜め息をつくたびにぎゅっと押さえつけられ、心の奥でシュリンクしていた「何か」が一瞬にしてじわーっと潤って、ぱんっと膨らんだような気持ちになったのです。この日、凍えそうな寒さの中、彼は駐車場まで見送りに来てくれました。車に乗ろうとした友人が「これから月に帰る」とからかったところ、「車に羽が生えるのかなあ」。この幸せな気持ち、忘れないでいたいと思います。

57話

「電車を連結させたいんだよ」

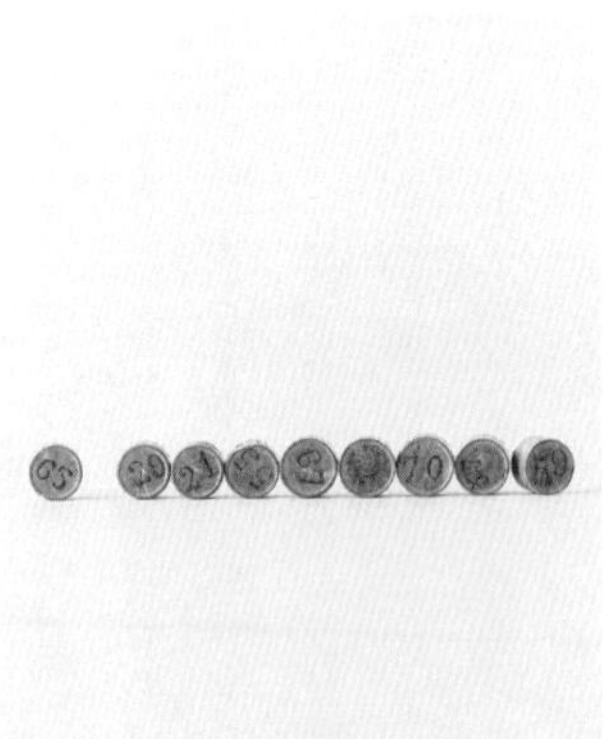

以前、長くヘアカットをお願いしていたNさんは、当時、3歳に満たない男の子を育てる母親でもありました。毎月、カットやカラー、トリートメントをしてもらいながら、彼がどんどん大きくなっていく様子を聞くのがとても楽しみでした。その日も、「どう？ 最近、何か面白いこと、あった？」と聞いたところ、こんな話を聞きました。「彼」は、とにかく電車マニア。靴下も、電車の絵が描かれたものがお気に入りで、保育園には毎日履いていく。ところが彼は、「右」と「左」を揃いじゃなく、別のものが履きたい、と言う。えっ、右が白、左が黄色、それじゃ変だよ。そう言ってみたけれど、彼は聞かない。ねえね

え、どうして？　すると……？　「電車を連結させたいんだよ」。聞けば、この靴下、電車の先頭車両をデザインしているものなのだそうです。もちろん、左右が同じ電車でワンセットになっているのだけれど、彼は、それをあえてばらして、違う電車を連結させたいと思ったというのです。例えば、右はのぞみ、左はドクターイエロー、ふたつを連結させたい、と……。

なんて、豊かな発想なんだろう！　私たち大人には到底、思いつかない斬新なセンスに触れ、興奮しました。そして、Nさんがこう続けたのです。「保育園の先生は違和感を抱いているかもしれないけれど、それもまあ、自由でいいのかなあ、と思って」。じつに大らかに、じつに軽やかに放たれた言葉に、さらに心を揺さぶられました。この人に育てられる彼はきっと、素敵な大人になる……。「かくあるべき」とか「しちゃいけない」とか。子供に接するとき、常識やルールの枠にはめ込むことも多いと思います。確かに、常識もルールも、社会で生きていくためには、絶対的に必要なもの。ただ、本当は伸びやかでいられる場面でさえも、「まわりにどう思われるか」や「普通はこうしているから」という理由で、自由の芽を摘むことがあるのではないでしょうか？　子供に対してだけではないのでしょう。それぞれの自由をもっと感じたい。「私」にとっての自由を選び、責任を取ることが、すなわち「私らしさ」になる、そう思えてならないのです。

58話

「勝つと忘れる……、そういうことでしょ？」

まだ私が女性誌の編集部に在籍していたころのこと。年齢は私より少し上で、ふたりの男の子を育てながら働く女性と、コンビを組んでページを創っていました。ただでさえ、「あれっ？　今、呼吸してたっけ？」と思うほどの多忙ぶり。子供の送り迎えをしている彼女はもっともっと濃密な時間を過ごし、夕方になるといつも「ごめんね、お先に」と、申し訳なさそうに編集部をあとにしていたのを思い出します。平日だけでは追いつかなくて、互いに休日出勤を余儀なくされたときは、「預かってもらえないから」と、ふたりを連れてきて、叱ったりなだめたりする彼女と一緒に働いたこともありました。そんなある日、彼

女がしてくれた話。「子供たちを寝かしつけてから、夜中に起きて、パソコンの前で原稿を書いていたのね。すると、小学生になったばかりの長男がたまたま、目を覚まして、私に『何してるの？』と。『明日までにしなくちゃいけない仕事があるから、頑張ってるのよ』と答えたら、『ねえ、ママ、何のためにそんなに頑張るの？』。何のため？　直球の質問にあっけにとられ、答えに窮していたら、彼がこう言ったの。『あっ、わかった。僕さ、空手習ってるじゃない？　練習、すごく大変なんだよね。思い通りにできなかったり、先生に叱られたり。そのたび、空手なんかやめてやる！　と思うんだ。でも、ね。試合で勝つと忘れる。練習が辛いことを忘れて、また頑張ろうと思う……、そういうことでしょ？』。すごく驚いた。ああ、子供なりに経験からいろんなことを学んでるんだなあ、って」。

大変なこともある。辛いこともある。だけど、それを上回る高揚感や達成感がある。だから、人は頑張る……。シンプルな真実を、彼なりの言葉で教えてくれたのでしょう。私にまで純粋さと優しさが伝わり、胸が熱くなりました。20年以上が経つ今も、ことあるごとにこの言葉を思い出します。ああ、大変。ああ、辛い。仕事で焦ったり落ち込んだりしたとき、「勝つと忘れる」と笑顔を作る。すると、不思議と頑張れるから。今年、彼女からの年賀状に「息子たちとイタリアを旅してきました」と書いてありました。3人の笑顔に当時の彼女の「一生懸命」が表れている気がして、またも胸が熱くなったのでした。

59話

「写真なんて撮ってないで、景色観たら？」

いつになく梅雨寒が続いていた7月初旬のある日、箱根を訪れました。聞けば、時期的に少し早かったことに加え、例年よりも雨が多いせいで紫陽花の開花が遅れているとのこと。そのため目に鮮やかとまではいかず、残念ではあったけれど、雨に濡れた植物の深く力強い緑は、溜め息が出るほどそれはそれは美しい景色。心底癒やされる時間でした。翌朝。午後の予定に間に合わせようと、ひと足先にひとり、箱根登山電車で帰路につくことにしました。この時期「あじさい電車」の愛称で親しまれるという電車に乗ろうと、平日にもかかわらず、ホームは多くの観光客で溢れ、大きな荷物とともにごった返している状

況。中に、5～6歳くらいの男の子と若い両親との家族連れがいて、電車のドアが開くや否や、いちばん前、運転士席近くのスペースを陣取りました。男の子が車窓に張り付くようにして外を眺める一方、その背後で両親は少しはしゃぎながらそれぞれにスマホのカメラを構え、彼の後ろ姿をかしゃかしゃと撮影。仲のよい家族の微笑ましいひとコマをぼんやりと眺めていると、男の子が突然、こう言ったのです。「ねえ、こんなに綺麗なんだからさあ、写真なんて撮ってないで、景色観たら?」。どこか大人びたひと言に、どきりとさせられました。確かに、彼の言う通り。「今」しかない美しい景色に触れたい。光の強さや角度、風の温度や湿度、音や匂いまでも全身で感じながら。それこそが、旅の醍醐味。大切な思い出として、写真に収めるのもいいけれど、感動とともに記憶に刻むほうが、豊かなんじゃないか……、小さな男の子にそう諭された気がして、思わず、口元がほころんだのでした。

インスタ映えのためだけに、公共の場での礼を欠く態度。迷惑や危険を顧みない行為。「一億総カメラマン時代」がもたらしたネガティブな側面を耳にするたび、心がざわざわ、ざらざらするのを感じていました。「今さえよければ」「自分さえよければ」が積み重なり、当たり前になっていくようで、そんな価値観の中で育つ子供たちはかわいそうなんじゃないか、って。ところが彼は、ピュアな心でとても素直にとても自然に、正してくれた気がしました。大げさ?　いや、私たちは今、このひと言に学ぶべきだと思うのです。

60話

「もしもし、ならけんのひとですか?」

残念ながら、今では疎遠になってしまいましたが、その仕事ぶりにつねに刺激を受けていた男性がいます。彼は、かつて広告代理店で同僚だった年下の男性。思考も行動も自由、だから、誰も思いつかないユニークなアイディアで、望まれているよりもずっとスケールが大きく、クオリティが高い結果をもたらす、みたいな。何より、どんなに追い込まれた状況でも、ユーモアで切り抜ける余裕があって、皆の人気者でした。そんな彼と、世間話をしていたときのこと。子供時代のこんなエピソードを聞かせてくれました。

「小学1年生のころかなあ? 国語のテストで、『もしも○○なら○○』の例文を作りなさい、という問題が出たんだよね。俺、めちゃくちゃ考えて『もしもし、ならけん（奈良県）のひと（人）ですか？』って答えちゃってさあ。ああっ、間違えた、0点だって思ったら、先生が予想外に『花丸』をくれた。今思えば、勇気ある先生だよなあ（笑）」

もちろん、持って生まれた性格も、育ってきた環境もあったはず。でも、彼をこんなにも伸びやかな大人にした要因のひとつに、この出来事があるのかもしれない、と想像しました。渾身の解答がもしも0点なら彼は、「はみ出すこと＝間違い」と刷り込まれて、自由の芽を摘み取られたのじゃないか。何にもとらわれない彼の発想を讃えた花丸が、思考の壁を壊し、行動の枠をはずし、彼という人を解き放ったのじゃないか。それが彼の「今」を作ったのじゃないか、と。笑い転げる私たちに、彼は「自由になりすぎて、結果がこれだけど、ね」とおどけていましたが、まわりを磁石のように惹きつける理由はここにあるに違いないと確信しました。ときに、はみ出していい。はみ出すことで、個性が輝く。そんな場合があると、思い知ったのです。親、先輩、上司……。年齢を重ねて、何かを教えたり、伝えたりする立場になったとき、はみ出すことを静かに見守って、全力で応援できる大人でありたいと思います。「どうせできない」とか「せいぜいこの程度」とか、「経験」という力を振りかざして、何かを決めつけ、可能性を狭めないでいたい。もちろん、私もはみ出すことを楽しめる軽やかな人間でありたい。そう、自らに言い聞かせているのです。

61話

「やっぱり好きなんでしょうか？ぼくのこと」

原稿の締め切りに追われたり、取材や撮影で外出する日が続いたりすると、新聞を読む時間が確保できなくて、どうしても後回しにしてしまう自分がいます。見出しだけをさっと斜め読みして、余裕のある日にまとめて熟読する、なんてこともしばしば。その日もそうでした。曇り空の土曜日、朝食を済ませてから、ゆっくりと紙面をめくっていたところ、高知県在住の小学5年生の男の子が書いたという文章に、ふと目が留まりました。『ソーシャルディスタンス』と、ぼくがお母さんに言うと、お母さんは、引っついてきます。ぼくが、『みつみつみつ!!』と言うと、お母さんはチューをします。やっぱり好きなんでしょ

うか？　ぼくのこと」。ふたりの何気ないやり取りが鮮やかに目に浮かび、思わず吹き出すやら、じわっと涙するやら。「お母さん」にも「ぼく」にも、愛情とユーモアが溢れていて、当たり前の日常をどれだけ楽しみ、幸せに感じているかが手に取るようにわかりました。彼の飾らない言葉が、まっすぐに心に響いたのです。

年齢も性別も関係なく、どんな立場にあっても、世界中のすべての人たちが同じように見舞われたコロナ禍。誰もが予想しえなかった時間を過ごしたはずです。会いたい人に会えない、行きたいところに行けない、したいことができない……、「思うようにならない」経験は、私たちの思考や行動に多大な影響を与え、それによって、目に見えないところで感覚も変化している気がしていました。子供たちの柔らかい心なら、なおのこと。この状況が悪影響を及ぼしていないかと、漠然と憂えていたから、彼の作文にほんの少しだけ救われる思いがしたのです。「家族」は何があっても、いつもいつでも変わらずそこにいて、だからこそネガティブな感情を抱いたりぶつけたりしがち。ただ、その感覚を野放しにしていてはいけないと改めて思いました。思考や行動は意識次第で変えられる。かけがえのない存在であること、いくら感謝をしてもしきれないこと、いちいち自分で確かめて、いちいち相手に伝える……。「お母さん」が「ぼく」にそうしているように、まっすぐに。今が育む、もっと温かくてもっと深い感覚があると信じたいのです。

62話

「どうなりたい？」

「私、小学4年生のとき、学校になじめなかったの。唯一気の合う、同じクラスのヨウコと『私たち、このままだと生きづらいよね』、ふたりして5年生を機に変わろう。なりたい自分に変わろうって。『どうなりたい？』を考えてお互いに宣言し合わない？　ただ、抽象的じゃ意味がないよね。具体的じゃないとそうなれないよね……。しっかり者のヨウコに導かれて、私はかねてから憧れていた人気者の女の子になろうと具体的なモデルを定め、『10歳・10の誓い』をリストにしたのね。①誰かと目が合ったら微笑みかける。②人の悪口は言わない。③家にいるときも、学校にいるときも、同じ自分でいる。④寂しそうな人に

は話しかける、トイレに誘う。⑤「おはよう」と、「バイバイ」や「さようなら」は欠かさない。⑥床や廊下にゴミが落ちていたら拾う。⑦ゆっくり話す。⑧差別しない。⑨みんなのことを好きになる。⑩給食は残さない。毎日、実践したら……？　私、変わったの。5年生になったらね、私本当に、人気者になっちゃったの（笑）。ちなみにヨウコの誓いは、何ごとに対しても意見を持ち、正しくないと感じたら誰に対してもきちんと言うってこと。ヨウコは今、国際結婚をして海外暮らし、ふたりの子供を育て上げ、マーケティング会社の責任者としてばりばり働いてる。ヨウコも5年生で、なりたい自分に変わったのよね」

私の大好きな親友の話です。朗らかで大らか、正直で誠実、誰にでも優しく、いつでもどこでも上機嫌。そんな彼女の性格が10歳のときに自らの意志で作られたものだと知り、驚きました。性格は持って生まれるものでなく意志で作るもの、性格は習慣の積み重ねで作られるものと教えられた気がして。ここだけの話、私は彼女みたいな人になりたくて、ことあるごとに彼女の思考や行動を真似するよう心がけていました。出会いから20年以上が経つ今、その習慣が積み重なり、ほんの少しだけれど、考え方も感じ方も変われたみたい。そう実感していたからなおさら、彼女の話に深く納得させられたのです。

これからもっと変われる、新しい自分に出会える気がしてきました。さすがにトイレには誘えないけれど、彼女の誓いは、私にも今日からできるシンプルなことだから。

63話

「私たちは近くにいるからね」

親しい友人が、パリで暮らす共通の友人のインスタグラムを見せてくれました。棒つきキャンディを花のように束ねたブーケにカードが添えられ、玄関前の廊下にきちんと置かれた写真。こんな文章が綴られていました。「お昼過ぎに玄関のチャイムが鳴りました。外出制限以降、宅配物も建物の下で受け取るので不思議に思っていると、扉の向こうから下の階の男の子の声。ドアを開けると、ソーシャルディスタンスを守るために踊り場の端まで下がって、階段から兄弟が顔を覗かせています。『Petit cadeau（プティ カドー）＝小さなプレゼントだよ！』と言われて見ると、飴の花束とお手紙が。『お元気ですか？　何かあれば

私たちは近くにいるからね』。隣人の優しさに、どこか疲れ始めていた心が軽くなりました。距離を取っていても、私たちは皆支え合っているし、そうでなくてはいけないと思う日でした」。彼女は13歳と8歳の娘を育てる母。下の階に住んでいるのは10歳と6歳の男の子、そして0歳の赤ちゃん。その家族と、普段は挨拶を交わす程度だったけれど、ちょっとしたハプニングがきっかけで会話が始まり、少しだけ距離が近くなったのを感じていた矢先の出来事だったそうです。この当時、罰則付きの外出禁止令のもと、街から人が消えていたパリ。でも、毎晩8時になると皆が窓を開け、医療関係者への敬意と感謝を拍手で伝えているのだと聞きました。彼女曰く「家の中だけで生活をしていると、いかに日常がほかの人の仕事の上に成り立っているかを思い知らされます」。お店の人、宅配の人、ごみ収集の人……、恐怖やストレスはいかばかりかと想像しながら、こうして家にいられるのは彼らのおかげ。娘たちとそう語り合っているのだと言って。

そして、ふたりのお嬢さんは「お外に出られないけれど、お口の日本旅行をしてみてね。飴、美味しかった。あなたたちみたいなお隣さんで嬉しい」というメッセージとともに日本のお菓子を届けたそうです。思いやりが思いやりを呼ぶ。温かさが温かさを呼ぶ。ソーシャルディスタンスを取る分、ハートディスタンスが近づく。「私たちは近くにいるからね」という幸せを噛み締める日になりました。

64話

「わたしの手はママに触るため」

知り合ったのは、まだ彼女がスタイリストのアシスタントとして頑張っていた学生のころ。20歳そこそこでありながら、しっかり自分を持っていて、独立後、一緒に仕事をするたび、その高い美意識と確かな価値観にいつも触発されていました。あれから20年以上が経つ今、彼女は夫とふたりの娘とともにパリで暮らし、ファッションディレクターとしても活躍。じつは63話も彼女のエピソードです。ある日、共通の友人が「すごくすごく素敵なことが書いてあったんです」と興奮しながら、またも彼女のインスタグラムを見せてくれました。そこには「今日は母の日。フランスの子供は、パパやママの日に詩と絵をよく贈ってくれます。今年の詩に、娘が日本語訳をつけてくれました」との文章。そして、お嬢さんが描いた優しい絵とともに、こんな言葉が綴られていました。「ママへ。わたしの手はママに触るため。わたしの腕はママにぎゅーするため。足はママまで走るため。ママを呼ぶために声がある。そしてこころはもっとママをすきになるため」。胸が熱くなりました。母から見た子も、子から見た母も。自分自身に置き換えると、すべてが愛おしくなる気がしたから。母の日にはもちろん、そうでなくても、この言葉を世代を問わず、世の中のすべての「母」に伝えたくなりました。

何とも言えない気持ちを共有したくて、エピソードとともに、孫ができたばかりという仕事仲間に伝えました。すると?「小さな命に触れて、まさに、私も同じことを感じていたの。五感から愛が溢れ出すっていうのかなあ……。『子育て』をしていたときは目の前のことに精いっぱいで、余裕がなくてそんなふうには思えなかったけど、『孫育て』をしている今は、私もいろいろと経験を積んできたからか、素直にそう思える。私の気持ちを言葉にしてくれた気がするよ」。母に対してだけではないのだと思いました。五感から溢れる愛を、大切な人すべてに感じたい。会いたい人に会えない、触れたい人に触れられない経験をしたからこそ、せめて「こころ」だけでも、もっとその人を好きになるためにあると自覚したい。ピュアな感性が教えてくれたこと……。

65話

「なんだかんだ言って、毎日いいこと、あるよね」

週末、早めの夕食を終えて、ゆっくり読み込めなかった1週間分の新聞をまとめてめくっていたとき、ある読者からの投稿に目が留まりました。それは、幼稚園に通う息子を持つ母親からの一通。ざっくりとした内容はこうでした。眠る前に、添い寝をしながら、息子に「その日にあったいいこと」を聞くのが、日課であること。今日はこんなことがあった、あんなことがあったという彼の話を聞くのを楽しみにしていること。そんな日々を重ねるうち、あるとき、彼がふとこう呟いたこと。「なんだかんだ言って、毎日いいこと、あるよね」。私がもし母親だったら、と想像して、胸が熱くなりました。そうだね、本当にそ

うだよね。そして、私も伝えたいと思いました。お母さんも、負けないくらい、こんないいことがあったよ、と……。

大人になるほどに、毎日が「同じ一日」に、毎週が「同じ一週間」になりがちだと感じていました。仕事にしろ、家事にしろ、知らず知らずのうちに、渋々こなさなくてはならないルーティンになっていて、はい、今日も終わり、はい、今週も終わり、気づくと1ヵ月も1年もあっという間に過ぎている、みたいな。それでは、あまりにもったいない。冒頭の親子のように、ひとつひとつ丁寧に今日起こったいいことを思い浮かべるだけで、毎日がもっと鮮やかになる、人生が豊かになる。改めてそう思いました。

ちなみに、シンガーソングライター・高橋優さんの楽曲「明日はきっといい日になる」。何度も繰り返される「いい日に**なる**」という歌詞、その中に、一度だけ「いい日に**する**」という表現があります。きっと、そうなのだと思います。明日がいい日になると信じることは、明日をいい日にするということ。今日のいいことを思い浮かべることも、今日をいい日にするということ……。

「いいこと探し」を始めようと思います。冒頭の親子のように、夜、眠る前の習慣にしたいと思います。体も心もへとへとに疲れたときこそ、暗い空に飲み込まれそうなときこそ。今日を、明日をいい日にするのは、自分自身と言い聞かせて。

まるで、小さな哲学者
～子供たちのまっすぐな言葉

「『子供内閣』を作るのは、どうかなあ？　ピュアで、クリーンで、正義感とやる気があって。子供たちの政治は、もしかしたら、大人よりもずっと、正しい方向に導いてくれるかもしれない」。仲間内でそんな冗談を言い合って、盛り上がったことがあります。大人になるほどに、忘れたり見失ったり、諦めたりごまかしたり、世間体や損得で物事を捉えたりすることが増えると感じるのは、私だけではないと思います。もちろん、それが大人になるということでもある。ただ、ときどき、小さな哲学者たちの言葉に触れては、どこか後ろめたい気持ちになるのです。せめて、子供たちの言葉に、耳を傾けたり心を揺らしたりできる自分でいたい。その都度リセットできる自分でありたい。むき出しの感性はかけがえのない価値があります。

6

Like a little philosopher

Children's straight words

絆をさらに愛おしく
～家族や友人からの温かい言葉

7
Love our bond even more
Kind words from family and friends

66話

「ねえねえ、聞いて聞いて！」

『クロワッサン』での連載をスタートするにあたり、編集長からの「ミッション」は、読み終わったあと、大人が「心のふんどしを締め直したくなる」こと。この言い回し、とても腑に落ちました。年齢を重ねるほどに、たがが緩んで鈍感になっていく自分を、後ろめたく思っていたから。どんな話なら共感が得られるだろう？　できることは何だろう？　電車でもバスルームでも毎日毎日考えて、あるとき思いつきました。そうだ！　編集長をカフェに呼び出して「ねえねえ、聞いて聞いて！」と言いたくなるような日常の「ちょっといい話」を、そのまま文字にすればいい。肩の力がすーっと抜けていくような気がしま

した。早速、編集長に「ねえねえ、聞いて聞いて！」と報告すると？「じつはね、それって私が以前、先輩に言われて、今もずっと心に留めている言葉なの」。その先輩は、ときめきや思いが雑誌を創る基本だと言ったそうです。効く化粧品を見つけたら、美味しいお店を見つけたら、素敵な人に出会ったら。編集者の心が動くから、読者の心を動かしたいと思う。だから『ねえねえ、聞いて聞いて！』。そのときめきや思いを、熱いままページにするのが、いちばん、読者の共感を呼ぶ……。そういうことだったのでしょう。

幼いころ、学校に行けば親友に、家に帰れば母に、まっすぐ駆け寄ってそう言ったのを覚えています。学生のころ寮で暮らす仲間に、部屋に戻るなりそう言ったことも覚えています。聞いてほしい話は、鮮度が高い、純度が高い、すなわち、エネルギーに満ち満ちている。大好きな人に、何かを伝えたかった自分はきっと、目を輝かせていたに違いない。過去の情景を思い出して、何とも言えない気持ちになりました。

大人になって、この言葉を発する機会が減っていることに気がつきました。いや、あるとしたら、愚痴や悪口という負のエネルギーを持ったもの……。それは、ときめきや強い思いがなくなっているから？　同じことが起こっても、心が動かなくなっているからなのでしょうか？　もう一度、アンテナを張って、日常の出来事に敏感になりたいと思うのです。「ねえねえ、聞いて聞いて！」探しは、何よりの大人磨きになるはずだから。

67話

「声をかけてみて、よかったーっ！」

澄み渡った空、凜とした空気。身の引き締まる思いで、打ち合わせの場所に向かって歩いていた、そのときでした。道路脇に停まっていた車の運転席から「松本さん！」と呼ぶ声。振り返ると、ドアを開けて出てきたのは、以前、よく一緒に仕事をしていた大好きな女性カメラマン。「急いでるかな？　と迷ったんですけど……。思い切って声をかけてみて、よかったーっ！」。満面の笑みでこう言ってくれました。いつ以来？　こんなところで会えるなんて！　今年は、なんだかいいことがありそう。久しぶりの再会を、私たちは大いに喜びました。この日は、仕事始めの日。新しい年だからと、私は珍しく、本当に珍し

く、目的地に10分前に着くよう家を出ていました。今年こそは、今日くらいは余裕を持って臨みたいと心に決めていたから。もしかしたら、このほんの少しの余裕が、表情や歩き方に表れていたのかもしれません。それを、彼女は瞬時に感じ取って、声をかけてくれたんじゃないか。声をかけてみようと思われる「私」でよかった、心底そう思いました。

じつはここだけの話、最近ずっと、「ぎりぎり」の毎日を繰り返していました。仕事の打ち合わせも、原稿の締め切りも、気が置けない友人との食事さえも、すべてがぎりぎり。いつか「しっぺ返し」がくるんじゃないかとひやひやしていたのです。そんな折も折、立て続けにこんなことが起こりました。信号を渡ろうとして、ワイドパンツの裾にヒールのつま先が引っかかって転倒、膝を擦りむきました。仕事に追われている最中にコーヒーを入れようとして、人差し指の付け根に少しだけ熱湯がかかって火傷をしました。挙げ句の果てには、「やっつけ」の大掃除を終えてみると、知らぬ間に手の甲に細かい傷がいっぱい……。どれも、理由は「急いでいたから」。すべての怪我はきっと、私に反省を促す「天の声」。だから、今年こそは。だから、今日こそは。偶然は神様からのプレゼントだったに違いありません。もし、あの日、それまでの私のように眉間にシワを寄せ、ばたばたと急ぎ足だったなら、彼女は見て見ぬふりをしたでしょう。時間や気持ちの余裕は、ときに、幸運を引きつける力になる。そう言い聞かせている毎日なのです。

68話

「勝手に送ります（笑）」

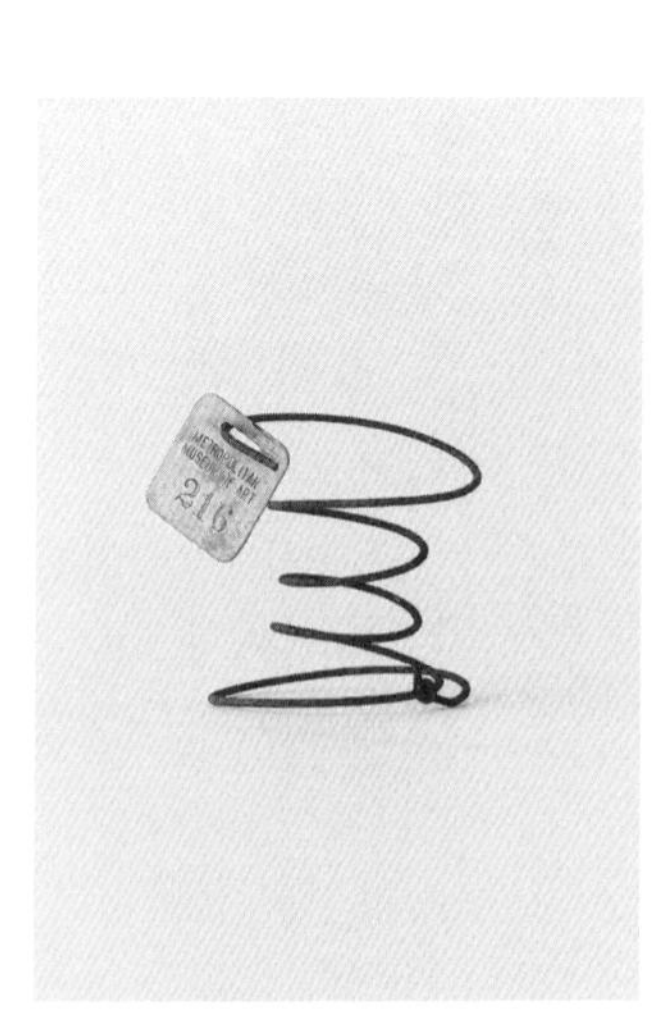

その日は早めに起床して、少々焦りながら、締め切りに追われている原稿を進めていました。眉間にシワを寄せ、パソコンを凝視していたところ「読んでもらいたかったの」とメールが。公私ともに親しくしている友人から、私に読んでほしい本があるので、送ったという内容でした。高い美意識と鋭い審美眼を持ち、才能とセンスの塊である彼女は、真摯な仕事ぶりにも、もの選びの指針にも、ことあるごとに刺激を受けている存在。だから、彼女が私に読ませたいという「本」が、とても気になり、仕事の手を止め、急いで「嬉しい」と返信しました。ポストに届いたのは、生涯現役を貫き、107歳で生涯を閉じた、

日本が誇る美術家、篠田桃紅さんの『人生は一本の線』という著書でした。2016年に刊行されていたものながら、そのみずみずしさたるや！　柔らかい線、静かな色、そこから生命の力強さが滲み出る墨絵。まるで空模様のように刻一刻と変化する心模様を、細やかに、でも大らかに見つめて素直に言葉にした、詩であり、エッセイであり。ページをめくるたび、自分の「今」と答え合わせをしているかのような、何とも言えない気持ちになりました。どんな瞬間にも、そして年齢を重ねるほどに心にぐっと刺さるであろう、普遍的なメッセージが丁寧に綴られた一冊を、一生の宝物にしようと本を思わず抱き締めました。

じつは、篠田さんの言葉同様、私の心に刺さった言葉がありました。それは、見返し部分にさらりと挟まれた便箋に美しい文字で書かれていた「勝手に送ります（笑）」。本を送ってくれた彼女のひと言でした。この一冊がきっと、私の心に響く。この一冊がきっと、私の人生を動かす。そう思ってくれたからこその「勝手に」。どんな出合い方よりもずっと温かくてずっと豊かで。こんなにも贅沢な時間と経験と感情をくれた彼女に、心からお礼を言いたいと思います。私も、大好きな人に、大切な人に、この温かさや豊かさを伝えたいと思うのです。自分が味わった感動を、真っ先にまっすぐに、そして信頼と愛情の証である「勝手に」を添えて。すると、薄まったり冷えたりするどころか、むしろより濃くなり、より温まって心に染みると知ったから……。

69話

「頑張ってくださる気がします」

雨が上がり、陽が差し始めた日曜の朝。スーパーマーケットで買い物を済ませ、エコバッグに食材を詰めていると、一通のメールが届きました。「松本さんから宅配便が届いたのですが、どうも間違いのような」。出会って20年以上、知り合ったきっかけは仕事だったものの、今ではプライベートで食事をし、互いの近況報告をし合う大好きな女性からでした。えっ？　宅配便？　伝票の写真を見る限り、確かに依頼主は私、届け先はその女性。でも私、送っていない。過去に宅配便を送り合ったことは何度もあるけれど……？　短いメールのやり取りの中で見えてきたのは、ふたりにはまったく関係のない荷物が間違って届い

たということ。問い合わせた結果、案の定、伝票ごと間違っていたという事実が判明。経緯はわからなかったものの、とりあえずは、ほっと胸をなでおろしました。そして、ほどなく夕方という時間に「解決しました」というタイトルのメール。本来の届け先に送り直すために、宅配便の方が彼女の元に荷物を引き取りにきた旨の報告でした。聞けば、事情を知らずに開封した荷物の中身は、手作りのマスクと盆栽のキット。丁寧に綴られた手紙が添えられていたそうです。お嬢様からお父様に宛てた「父の日」のプレゼント。そうだった、今日は父の日……！　メールはこう締めくくられていました。「父の日の午前中にと思って手配された方がお気の毒です。でもひとまず着地してよかった。今日中に『お父様』のお手元に届くといいのですが。配送の方、頑張ってくださる気がします」。

頑張ってくださる、そのひと言で心の向きが百八十度変わりました。正直に言うと、ミスは誰にでも起こりうるものと頭では理解しつつも、個人情報の取り扱いに対して慎重に慎重を重ねなくてはならない時代にあって、どこか不気味さを覚え、「不安」を感じていました。いや、もっと言えば「不満」だった。でも、彼女は違いました。起こった何かを責めるのでなく、結果をよりよいものに変えようとする姿勢。そんな彼女の考え方に触れて、思わぬハプニングが父を思う時間に変わり、温かい気持ちになったのです。この出来事が、見知らぬお嬢様とお父様にとって、深い思い出となりますように。またも学びました。

70話

「だって、あなたが教えてくれたじゃない？」

ヘアサロン・『AMATA（アマータ）』オーナー、ビューティ・プロデューサー、イラストレーター、ほかにもさまざまな「顔」を持ち、幅広く活躍する美香さん。パーフェクトな美しさにいつも刺激を受けている女性です。新しい年を迎えてまもないある日のこと。お正月を実家で過ごしたという彼女が、お母様のこんな話を聞かせてくれました。お母様も、同様に美容好きであること。美香さんが化粧品をプレゼントすると、とても喜んでくれること。スキンケアを丁寧に行い、肌に優しく触れていること。そのおかげもあり、とても綺麗な肌をしていること。そして……。「いつもそうなんだけど、ね。母ったら、お風呂から上が

るとテーブルの上にスキンケアアイテムを使用順に整然と並べ、その前に背筋をぴんと伸ばして座るの。そのあとステップごとに間を開けながら、時間をかけてケアするのね。感心して『すごいね』と言うと、母がひと言。『だって、あなたが教えてくれたじゃない？』」。

美香さんはかつてお母様に、「スキンケアは丁寧にしないといけない」と口を酸っぱくして言っていたそうです。義務や惰性になると、どんなにいい化粧品も、効果を発揮しないのよ、と。お母様は、娘の教えを守り、愛を持って肌に優しく触れるスキンケアを積み重ねていたというのです。「『えーっ、私、そんなこと言った？』と、思わず苦笑い。振り返ってみると、実際の私は、毎日、忙しさに追われて、あっという間にスキンケアを終わらせてるのよね。改めて反省したの」。わかる、わかる。私も同じような経験、してるもの。職業柄、誰より「知識」はあるつもり。そのほうが肌にいい、そのほうが綺麗になれると知っている。でも、でも……！　自分がそうできているかと問われると「？」。正直なところ、忙しいから、眠いから、疲れているからと言い訳をして「つもり」で終わらせていることも多い、いや、ほとんどがそうかもしれません。美香さんのお母様の肌が美しいのは、肌も性格も素直だからなのだと思います。娘を信じ、化粧品を信じ、肌を信じる。だから、内面から綺麗が増していく……。もう一度、自らに言い聞かせたいと思います。一日を整えるように、肌を整える。素直に、素直に。それこそが綺麗への近道だと。

71話

「ひらがな表記がないんですよ」

その日は、早朝からの撮影。おまけに雨風が激しく、スタッフはそれぞれ、スタジオに辿り着くまでに大変な思いをしたようでした。そんな中、編集担当の女性から「子供を駅まで送らなくてはならないので、少し遅れそうです。ごめんなさい」とのメール。子育てと仕事の両立はただでさえ大変なのに、この時間、この天気。ああ、私には決して真似ができない。もちろん大丈夫、お気をつけてと伝えて、できることから準備をしておくことにしました。ほどなく汗をかきながらやってきた彼女に、皆、口を揃えて「大変だったね、お疲れ様」。でも、本当に大変なのは、小学1年生で電車通学をする「彼」なんだよね、と

いう話題になりました。小さな背中に大きなランドセルを背負い、傘を差して歩く姿を想像すると、頼もしく感じる一方で、少しかわいそうにも感じる。不安なこともいっぱいあるよね、と聞いてみました。すると……。「私、子供が小学生になって初めて気がついたんですけど……。東京って、駅にも道にも、ひらがな表記がないんですよ。英語もある、韓国語も中国語もある、それなのに、なぜかひらがなで書かれていない。慣れないと、子供たちは、どの駅で降りて、どの方向に進んだらいいのか、迷うみたいなんですよね。東京はもしかしたら、子供に優しくない街なのかもしれません」。そこにいた全員が驚きながらも、「そういえば」と納得させられました。確かに。大人は気づかないけれど、実際、意識して街を見渡してみると、ひらがなでの表記はなされていないことがわかります。海外から訪れる人たちに対する受け入れ態勢はばっちり。でも、子供たちに対しては……？それまでなかった新しい視点から、ほんの少しだけ視野が広がったような気がしました。

「困らない」と、知らないままにやり過ごしてしまうのだと、はっとさせられました。同時に、こうも思ったのです。年齢を重ね、「何か」を失うからこそ、一歩先、二歩先を想像して、問題に気づいたり、手を差し伸べたりできるのじゃないか。例えば、老眼になって、わかることがある。例えば、白髪になって、わかることがある。困って初めて芽生える想像力を信じると、大人はもっと奥行きが増すのじゃないか……、と。

72話

「晩ごはんが楽しみやった」

いつもより少しだけゆとりがあったある朝、朝刊の読者投稿欄に目が留まりました。それは、75歳の女性から寄せられた文章。「食べてもらえる幸せ」というタイトルに吸い寄せられるように文字を追うと……？　亡き夫が「お前と結婚して太った」とこぼしたこと。しかしながら、亡くなる前、病室で話をしていたときにふと、こう言ってくれたこと。「晩ごはんが楽しみやった」。今では同居をしている息子夫婦と孫たちに料理をふるまっているというこの女性は「いずれは作る側でいられなくなるだろうが、食べてくれる人がいる幸せをもう少し味わっていたい」といい、文章は、「今日も料理の記事を眺めている」と穏や

かに締めくくられていました。

私には、「晩ごはんが楽しみやった」が「ありがとう」よりも「美味しかった」よりも、心に深く届く言葉のように聞こえました。プロポーズを超える愛の言葉でもあるような、そんな気さえしたのです。当たり前の日常にある、小さな幸せ。それこそがかけがえのない人生を紡ぐ。この女性が夫婦や家族の時間をどれだけ大切に育んできたかを想像したら、胸が熱くなりました。

30代になったばかりのころ。仕事仲間と雑談をしているとき、ひょんなことから、私たちは一生にいったい何食、食べるのかをざっと計算してみたことがあります。自分の意思で食事を選び取れるのが75年、一日に3食としてカウントすると、1年に約1100食、75年で約8万2000食。「晩ごはん」に限るなら約2万7000食。思いのほか少ないことに、はっとさせられました。その場にいた皆が、考えていることは同じようで、「食欲を満たすためだけに食べるのは寂しいね」「せっかくなら器にもこだわりたいね」「何を食べるかよりも誰と食べるかが重要だよね」「美味しい、幸せといちいち噛み締めながら、食べたいよね」……。年齢を重ねるほどにより強く思います。たとえひとりだけで済ませる食事でも。たとえ時間を充分に取れない食事でも。できるだけ「楽しみやった」と思える食事を積み重ねたい。それがきっと、人生の味わいになるのだから、と。

73話

「おじいちゃんって、センスよかったんだね」

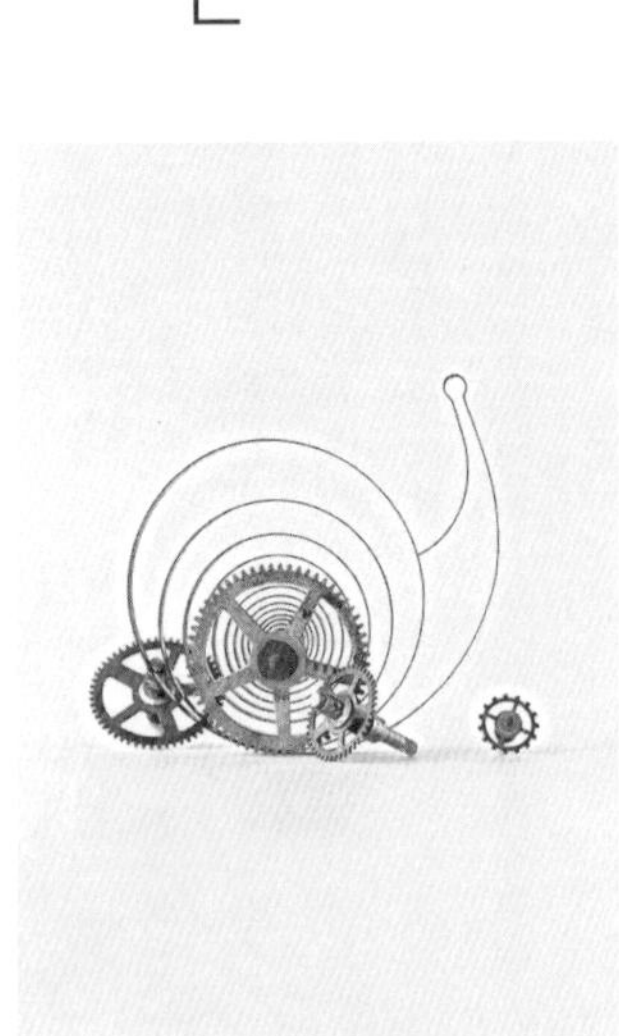

小山薫堂さん。放送作家、脚本家、いや、ありふれた「肩書」という枠には収められないほどの活躍ぶりはつとに有名でしょう。以前、あるフレグランスメゾンのインタビューで「香り」について語ってもらった経験があります。その中で小山さんが口にした「経年優化」という言葉に衝撃を受けて以来、それは、私にとっての価値基準の「核」。話の流れは、こうでした。「『買ったときが最高で、あとは価値がなくなっていくばかり』というものではなくて、『買ったときが出発点で、時間を経るごとに、自分の中で価値が増していくもの』を選びたいと思うんです。『おじいちゃんって、センスよかったんだね』と孫に言わ

れたりしたら最高です！」。時間をかけて使い込んでいくうちに、価値が増していく。そして、世代を超え、価値が受け継がれるという「価値の連鎖」。それはきっと、エイジレスでジェンダーレス、だからこそタイムレス。なんて素敵なんだろうと心震えたのを鮮やかに記憶しています。溢れる情報、スピード命、見た目がすべて。今という時代、ファッションでも食でも、「本物」と「偽物」の境界線がどんどん曖昧になって、価値が育たないような気がしていました。同じものが「新しい」と褒められ、時間が経つと「古い」と切り捨てられ……。そんなムードに身を任せて、いちいち揺れ動いていては、自分を見失うに違いない。大人の選ぶ基準は、本能が興奮するか、これからずっと愛し抜けるか。大げさかもしれないけれど、「命」と向き合うように、ものと出合いたい……。小山さんの言葉に触れてから、そう思うようになったのです。

ヘア&メイクアップアーティストの男性が漫画で知ったという言葉を教えてくれました。「人は『いいもの』を買うんじゃない、『みんなが知っているもの』を買うんだ」。思わず、膝を打ちました。もの選びだけではないのだと思います。お洒落に見られたいのか、お洒落になりたいのか。幸せに見られたいのか、幸せになりたいのか。前者は一瞬、後者は一生。自分の軸を持ち、時間をかけて「何か」を育てること。今一度、肝に銘じたいと思います。大人は価値を育てる使命がある、次世代に繋ぐ価値を。

74話

「お袋も俺に、こうして愛情を注いでくれたんだ、って」

「皆、少し休んでいかない？　もしよかったら、家に寄っていって」。海岸での撮影を終え、少し陽が傾きかけたころ、ロケバスで自宅まで送り届けたときに、「その人」はこう声をかけてくれました。モデルを務めてくれた彼女は、出産後、仕事に復帰したばかり。子育てで大変だから長時間の撮影は厳しい、という彼女に、場所を自宅の近くにするからと半ば強引にお願いした仕事でした。それなのに、冒頭のひと言。図々しくもお邪魔することにしました。出迎えてくれたのは、小さな男の子を抱いたご主人。整えられた庭に面する広い縁側に案内され、私たちは横並びに腰掛けました。ご主人は、すっかりママの顔に

戻った彼女に男の子をバトンタッチして、ひとりひとりに「シャンパン？　コーヒー？」と声をかけ、労ってくれました。そして安堵感に浸るように、ご主人もシャンパンをごくり。グラスを置くや否や、子供を抱く彼女を眺め、独り言のようにこう呟いたのです。「彼女がこうして息子を抱いてる姿を見てると、いつも思うんです。ああ、お袋も俺に、こうして愛情を注いでくれたんだ、って。お袋に感謝しなくちゃ、お袋を大事にしなくちゃって、ね」。思いもしない言葉でした。子と妻に対してはもちろん、大切なふたりの存在を通して、母にも思いを馳せるなんて！　シャンパンを一気に飲み干していた私は、ほろ酔いだったこともあり、思わず目頭が熱くなったのです。彼女にこっそり伝えたところ、「へーっ、そんなこと、言ってたんだ」と、少し照れ臭そうに、でも心底嬉しそうに言いました。「ありがたいよね。感謝しなくちゃ」というひと言を添えて。温かい気持ちは、連鎖するのでしょう。感謝は感謝を呼び、感動は感動を呼ぶ。母から子へ、子から母へ、夫から妻へ、妻から夫へと巡り、巡る。まわりにいる「誰か」の心をも耕し、豊かにする……。私もそんな感情を育みたいと思います。目の前の出来事を感謝や感動に変換できる感性を。

じつはこれ、俳優・板谷由夏さんのエピソードです。この人が放つ幸せの波動に触れるたび、私まで感性が磨かれる気がするのです。何度会っても、何度も会いたくなる人……、誰もがそう口を揃える理由は、きっとここにあります。

75話

「踊ろか?」

「泉」と出会ったのは、大学生になりたてのころ。親元を離れ、大学の寮に入り、最初の授業で行った教室で、緊張と不安でいっぱいの私の隣にたまたま座ったのが彼女でした。交わした会話も互いの服装もまったく覚えていないけれど、澄み渡る青空と柔らかい陽射し、彼女の弾ける笑顔は、ワンセットで鮮明に記憶しています。ほどなく私は、彼女の家を頻繁に訪れるようになり、ご両親や当時中学生になったばかりの妹「文ちゃん」とも親しくなりました。その日も、家族の一員のように温かく迎えてくれて、皆で夕食。「父ちゃん」と「母ちゃん」はともに教師であること、ふたりは高校時代の同級生だったこと、泉

が幼稚園のときに「神様にいただいた唇に、火傷をしちゃった」と泣いたことなど、たくさんのエピソードを聞きました。食べ終わってもまだ、私たちは話し、笑って。すると、「踊ろか？」。「泉、踊ろか？」と父ちゃんが誘ったのか「父ちゃん、踊ろか？」と泉が誘ったのか。定かではないけれど、ふたりはどちらからともなく腕を組み、鼻歌を歌い、歓声を上げ、ワルツらしきダンスを始めたのです。驚きました。口数が少なく、家や子供のことは母から聞いて知るという、「昭和の父親」だった父と私の関係からは、およそ想像が及ばないものだったから。なんて、素敵な関係なんだろう！　10人いたら10通りの、１００人いたら１００通りの家族の形があるという事実を目の当たりにして、小さな自分が広い世界に解き放たれたような、味わったことのない高揚感に包まれたのです。後日、初めて見た素敵な父娘関係に、私がどれだけ感動したかを父ちゃんに話したところ、その答えとして、自分が生死をさまようほどの大病を克服した経験から、いただいた奇跡の命だからこそ、大切な人にできる限りの愛を注ぎたいのだと言葉にしてくれました。

最近よく、この日の出来事を思い出すのです。長年かけて作り上げてきた自分の「常識」にとらわれて、意識が凝り固まったり、思考が狭まったりしているのを感じるからでしょうか。自分の中であの高揚感を呼び覚ますと、自分を自由にできる。そして、大切な人への愛情を再確認できる気がして。

76話

「父ちゃんの最期の言葉を聞けた気がする」

75話、「踊ろか?」のストーリーには、続きがあります。雑誌に掲載される前に、念のため、泉に確認をしてもらおうと、原稿をメールで送ったところ、「踊ったことは覚えてないけど、きっと踊ったんやろな。踊りそうや」と笑い、こんなふうに言ってくれました。「とても素敵に書いてくれて、ありがとう。私としてはちょっぴり恥ずかしいエピソードやけど、ね。この文章を読んで、あまり上手に生きてきたとは思えない父だけど、『父ちゃんは自分の生きたいように生きてた、きっと幸せだった』と思えて、涙が出た。そんな話を千登世にしてたとは……、教えてくれて、ほんまにありがとう、母ちゃんも喜んでた」。原稿を書いたときも胸が詰まったけれど、彼女の言葉を聞いて、さらに何とも言えない気持ちになりました。

同じ時間を過ごしても、同じ空間に暮らしても、いや、だからこそ、何もかもが当たり前になりすぎて、わざわざ言葉にしないことがあります。でも、近くにいた私は、彼女たち家族の、それはそれは温かい関係をとてもうらやましく思い、そこにいることで、この上ない安心感や高揚感を味わっていました。私が知っていることを言葉にしてみて、よかった。ずっと温めてきた素敵なエピソードを文字にしてみて、よかった。改めてそう思いました。それから、数ヵ月。『家族を大切にしてる』っていう父ちゃんの密かな思いを見える形にしてくれたのは、やっぱりありがたかったよ。あのとき、もうすでに話せなくなっていた父ちゃんの最期の言葉を聞けた気がする。ありがと、ね」。私のほうこそ、ありがとう。私にとって、何ものにも代えがたい一生の宝物だよ。

家族にも友人にも。触れ合う大好きな人すべてに対して、思いをできるだけ言葉にしたいと思い始めました。また、大切な人に関わる中で知ったこと、感じたことを改めて口にしてみるのもいい、そう思ったのです。過去に遡って「いい話」を紐解くことも、誰かの心に届き、誰かの心を解し、誰かの心を温めるかもしれない。あのとき、こんなことがあった、あんなことがあった……、想像するだけで、豊かな気持ちになれそうです。

絆をさらに愛おしく
～家族や友人からの温かい言葉

たとえ君が間違った選択をしたとしても、全力で応援してくれる人がまわりにたくさんいる。その最たるものが自分だと思ってほしい……。私が壁にぶち当たったとき、父に言われました。寡黙な父が絞り出したひと言は、今も私を支えています。調子や機嫌の善し悪しにかかわらず、当たり前のように傍らにいてくれる家族や友人。改めて振り返ると、彼らの言葉が、自分の「芯」を作り、より強く、より太くしてくれていると感じます。それなのに、当たり前になりすぎて、お礼を言い足りていない、とも感じるのです。「おはよう」の数の何倍も、「おやすみ」の数の何倍も、「ありがとう」を今日から。ありがとうの数が増えるほどに、芯が強くなる、太くなる。自分に自信を持って、堂々と生きていくことに繫がる気がしています。

7

Love our bond even more

Kind words from family and friends

たかが服、されど服

〜「装う＝生きる」を知る言葉

8

It's just clothes, but it matters

Words to know "dressing up = living"

77話

「素敵な靴は、素敵なところに連れていってくれるのよ」

年齢はひと回り以上も下なのだけれど、公私ともに親しくしているヘア&メイクアップアーティストの女性がいます。ふたり、カフェでお茶を飲みながら寛いでいたとき、思い出したように、こんな話をしてくれました。彼女がまだ、アシスタントとして仕事をスタートしたばかりのころ。撮影用に集められた、たくさんの服や靴の中に、ひと際眩い光を放つ、「クリスチャン ルブタン」のブーツがあったそうです。クリスチャン ルブタンといえば、多くの女性にとって、憧れの存在。20歳そこそこの彼女には、夢のまた夢、「いつか」と思う余地もないほど、自分からは程遠いと感じたのだとか。ただあまりの美しさに、

「ブーツ、すごく綺麗ですね」と、つい口を突いて出てしまったのだそうです。すると、スタイリストの女性が、わざわざ仕事の手を止めて、「見た目が綺麗なのはもちろんだけれど、緻密に計算されていて、じつはとても履きやすいし、歩きやすいの」。そして……。「仕事を頑張って、もっともっと頑張って、ルブタンの靴を手に入れてほしいなあ。あのね、素敵な靴は、素敵なところに連れていってくれるのよ」

彼女は、このスタイリストの女性にずっと憧れていたそうです。仕事ぶりにはもちろん、スタイリッシュな着こなし、エレガントな立ち居振る舞い、誰に対しても分け隔てなく接する姿勢、太陽のような明るい笑顔、すべてに「本物の大人」を感じて。そんな女性に「背伸び」がどれだけ人を成長させてくれるか、たったひと言で教えられた気がして心が震えたというのです。そして、彼女が30歳のとき、ルブタンの10センチヒールのショートブーツを手に入れたそうです。姿勢がすっと伸び、脚が美しく緊張し、靴に合わせるように服、メイク、髪型が変わり、やがて行く場所まで変わった。言葉の真意を体感できたそう。メンテナンスをしながら大切に履き続け、今度はこの女性スタイリストのアシスタントにストーリーとともに譲ったのだそうです。「背伸び」の意は、もしかしたら「背筋を伸ばす」ことなのかもしれない。体も心も背筋を伸ばせば、まだ行ったことのない素敵なところへ行けるはず。大人になっても背伸びをし続けたい、そう思った午後でした。

78話

「『好き』だからじゃない？」

ずっと憧れていた作家の女性にお目にかかりました。屈託のない笑顔、リズミカルな口調、核心を突く視点、胸に響く言葉、何かを想像させるムード。存在そのものが、まるで「磁石」のようで、そこにいる誰もがぐっと、惹きつけられました。そして……、なんと洋服が似合うことか！　モデルや俳優の女性たちとはまた違った意味で、服と肌、服と体が寄り添っているように見え、服へのときめきが表情に出ている。そのせいか服もなんだか喜んでいるみたい。撮影の合間に、ひと息ついていたフォトグラファーに向かって私は、こう呟いていました。「本当に、洋服が似合う人ですよね」。すると？　「洋服が『好き』だ

からじゃない？」。好き。この言葉に、はっとさせられました。「体型に合う」や「動きが楽」とまったく違うベクトルを持つ「好き」。この服を着たい、綺麗に着たい、楽しんで着たいという、積極的で能動的な「意志」が、何かを想像させるムードを生む……。洋服が似合う理由、圧倒的な存在感の理由が、ほんの少しだけわかった気がしました。

ファッションもメイクも髪型も。大人になるほどに「好き」よりも「合う」「楽」を優先させることが増え、いつの間にか、「好き」を諦めたり忘れたりしていた気がします。「大人になるほどに」は、言い換えれば「悩みが増えるほどに」でしょうか？　もしかしたら、そうこうしているうちに、好きがわからなくなったという人もいるのかもしれません。自分自身が好きと隣同士にいるためには、努力や気合、ときに我慢や無理が必要な場合があり、それを強いられるくらいなら、と、次第に距離が開いていく……、みたいに。

この年齢なのに？　いえいえ、この年齢だからこそ、もっと、好きという感情に正直になりたい、この感情を大切にしたいと思いました。好きには、表情や立ち居振る舞いを変える力がある。輝きをもたらす力がある。冒頭の女性がそうであるように。

そうそう、先日、仕事で訪れたパリでお目にかかった通訳の日本女性。鮮やかなオレンジ色がとても似合っていたので、「素敵ですね」と声をかけたところ、「この年齢だから、似合うかどうかじゃなくて、好きかどうかで選ぼうと思って」。素敵は好きの先にあります。

79話

「格好をつけなくちゃ、ね」

何年前になるでしょうか？　何度目にしても、思わず顔がほころぶＣＭがありました。「パンパース®の肌へのいちばん　おにいさん／おねえさん気分パンツ」。パンツをはいたお尻を鏡に映し、その姿を眺める小さな女の子が、心なしか自慢げにうっとりするという……。聞けばこれ、「自分ではきたくなるかっこいい・かわいいデザイン」が売りのパンツ風おむつ。つまり、自発的な意志で選び、はくという行為で、「成長」を促すものだというのです。女の子が見せる顔が「大人への入り口」に立った誇らしい表情にも見えて、いろいろなことを思いました。私たちは「格好をつける」ことで、気持ちが弾む、表情が輝く。

それは、本能に刻まれている「何か」なのかもしれない、と思ったのです。あまりにも印象的だったので、仕事仲間に「あのCM観た？」と聞いてみたところ……？　その場にいたのは、私も含め、子供に縁のない人ばかりだったせいか、皆、「？？？」という反応。じつはね、とかいつまんで内容を説明し、私なりの解釈を加えました。すると、ある女性が、ひと言。「私たち大人こそ、格好をつけなくちゃ、ね。生きる喜びって、じつはそこにあるのかもしれない、と思うの」。格好をつける。それは、見られる自分を意識すること。私って、こういう人、という自己主張をすること。それをそがれると、気持ちが塞ぐ、表情がくすむ。彼女はそう言いました。

予想以上に長く続いた「ステイホーム」。最低限の外出も「マスク」が必須で、よそ行きの服もメイクも必要ないとされる毎日になりました。だからこそ余計に、誰もが服の意味、メイクの価値を自らに問いかけたのではないでしょうか？　ルームウェアとノーメイクで過ごせる一日は確かに楽。誰にも会わない、どこにも行かない「見られていない自分」は本当に楽。でも……？　スイッチが入らない、エネルギーがこもらない。彼女の言葉をきっかけに、改めて、見られる自分の大切さに気づかされました。服やメイクだけじゃないのだと思います。格好をつけることは、自分を成長させたいという意欲の表れでもあるのかもしれません。大人こそ、堂々と格好をつけなくちゃ。

80話

「選ぶデニムをワンサイズ下げる、みたいな」

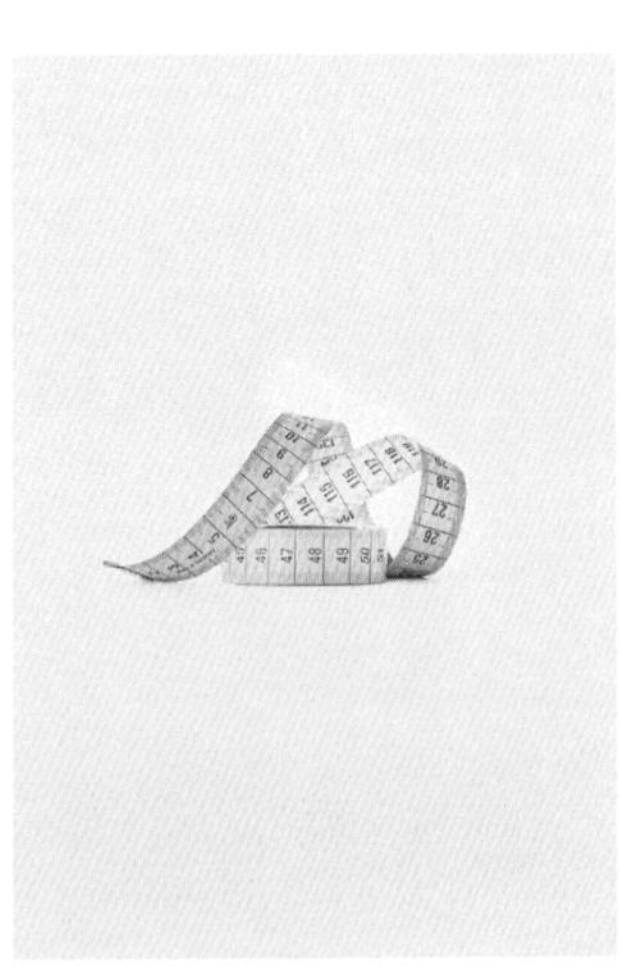

コロナ禍になってから初めて行われた撮影。まだまだ不安が続く中、それは新しい日常に向けて、恐る恐る踏み出す「一歩」だったように思います。「3密」にならないよう「ソーシャルディスタンス」を保ちながら、細心の注意を払って行いましょう……。自分が元気でいないといけないという危機感。うまく取材ができるだろうかという緊張感。それ以上に久しぶりに大好きな仕事仲間に会えるという高揚感。どれもが複雑に絡み合った、どきどきするような、ぞわぞわするような、不思議な感覚に包まれたまま、その日を迎えました。いざ現場に着くと、すでに皆の笑顔が弾けていて、長く時間が空いたとは思えない

雰囲気に、思わず心が解れました。そのムードのまま、撮影も取材もスムースに終わり、後片づけをしながら雑談をしていたときのこと。誰からともなく「今日、何を着るか迷ったよね」という話になりました。ホームウェアの延長というわけにもいかないし、かといっていきなりスーツやドレスという気分でもないし。うんうん、わかるわかる。頷きながら皆の話を聞いていたところ、スタイリストの斉藤くみさんが、ひと言。「選ぶデニムをワンサイズ下げる、みたいな、そんな感覚ですよね」。

それはちょうど、ステイホームが長く続き、人に会うための服もどこかに行くための服も、縁遠くなったとき。公の自分として人目に触れるのは、せいぜい、パソコンやスマートフォンの画面を通じての上半身くらいで、表情にも姿勢にも力が入らない毎日。だからこそ一歩を踏み出す服は？　顔は？　と迷ったのです。私の場合は、センタープレスパンツをはいてみて、デニムに替えました。スニーカーを履いてみて、レザーミュールに替えました。メイクを仕上げてから、眉は少し柔らかく、リップは少し明るく、調整しました。ちょっと緩めて、ちょっと締めて。くみさんが言う「デニムをワンサイズ下げる」は、前への進み方、心の持ちようの「今」を、見事に言い得たものと膝を打ったのです。くみさんは続けました。「私が『映る』わけじゃないのに、昨日の夜、美顔器使っちゃった（笑）」。ゆっくりと、でもしっかりと。この経験が明るい未来を創る、そう信じています。

81話

「ストーリーは、捨てられないなあって」

家にいる時間が増えた「今」しか、そのチャンスはないかもしれない。ずっとずっと気になっていた服の整理を試みました。着る？　着ない？　ときめく？　ときめかない？　直そうか？　譲ろうか？　それとも、捨てようか……？　意気込んで始めたものの、迷う、迷う！　結局、思ったほどには手放すことができませんでした。仕事仲間に会っても、友人とメールのやり取りをしても、もっとも、と言っていいほど話題に上った「片づけ」。空間にも時間にも心にも余裕ができた、生活のリズムが整って毎日が変わった……。成功した人の話を聞くたび、正直、焦ったり落ち込んだりしていました。私もそうありたいのに。

同じだけの時間を与えられたのに。私はなぜできないのだろう？　胸の内でそんなふうに思っていたとき、たまたま一緒にいたスタイリストの女性が「私ね、捨てられないの」。穏やかな笑顔で、でも、きっぱりと断言したその人の真意がとても気になりました。「服にはその一枚にしかない、『ストーリー』があるでしょう？　出合ったときのときめきとか、着て褒められた記憶とか。新しいものにはもちろん、それだけで力があるし、わくわくするけれど、選びに選び、時間を積み重ねて『自分のものにした服』には、それを超える愛着があると思うの。ストーリーは、捨てられないなあって」。曇っていた心がすーっと晴れるのを感じました。いいんだ。私、これでよかったんだ。じつは、手放すか否か、服との対話を繰り返すことは、私にとってひとつひとつに対する「愛」を再確認する作業でした。手に入れたときと同じようにときめくものも多かったし、中には、年齢を重ねた今のほうがむしろ「似合うんじゃない？」と思えるような、「二度目の出合い」を果たしたものもありました。それなのに、手放せないというネガティブな面にばかり目を向けていたのです。彼女のひと言によって、視点が百八十度変わった。「手放せない」がクリアにした「手放したくない」という意志を、大切にしようと思い直しました。

今、「自分ヴィンテージ」に夢中です。あのころとは違う「着方」、あのころとは違う「私」の発見が、こんなにも楽しいなんて！　年齢を重ねる面白さにまたひとつ出合えました。

82話

「自分で育てたんですか？」

その日は、心待ちにしていたファッションページの撮影。女性ばかり、気心の知れたスタッフが集まりました。それぞれに準備を済ませ、テーマの方向性や撮影の進め方について打ち合わせをしようとメイクルームに集合したところ、フォトグラファーのTさんがひと言、「あっ、皆さん、デニムなんですね！」。確かに。メイクアップアーティストのMさん、そしてスタイリストも私も、3人がデニムをはいていることに気づき、「うわあ、偶然！」と盛り上がりました。そして、Tさんは、Mさんに向かって、こう続けたのです。「そのデニム、素敵。すごく似合ってますね。自分で育てたんですか？」。彼女がはいてい

たのは、リーバイス®501。このデニムをはいている彼女を、私は何度か見かけたことがありますが、そのたび、彼女らしくて素敵と密かに思っていました。色落ち感、ダメージ感が何とも言えない唯一無二の風合いを作っていて、彼女の体のラインや動きに寄り添い、ともに生きてきた「時間」を感じさせるから。聞けば、随分前に古着屋で手に入れたヴィンテージデニムで、それを「自分で育てている」とのことでした。

Tさんの粋な問いかけが今も、頭の中で「リフレイン」しています。生き生きと日々を過ごしているMさんの毎日をデニムが記憶しながら、エイジングしていくこと＝自分で育てるということ。私には、育てた「何か」はあるだろうか、「何か」を育てているだろうか、私の毎日を記憶している「何か」はあるだろうかと、自問しました。きっとデニムだけではないのだと思います。靴やバッグ、ジュエリーや時計、そして家具や食器も。ともに過ごす時間が刻まれて、新しいときよりもずっと、魅力的な「顔」になっていくアイテムがあります。出合ったときがマックスでなく、高揚感も安心感も静かに更新されていくような、そんなアイテムがあると思うのです。私自身にも、育てたもの、そして育てているものがある。もう一度、愛情を持って、ひとつひとつと向き合いたい。それが大人の醍醐味に違いない……、そう思い知りました。これからは育てる意識を持って、ものと付き合いたいと思います。明日はくデニムはきっと、いつもよりときめきをくれるはずです。

83話

「トレンド迷子、万歳!」

コロナ禍を経て、「トレンド迷子」なる言葉が話題を呼んだとテレビのニュースで知りました。2021年10月、テレワークを週3日以上行う20~40代で、東京在住の女性会社員106名を対象に行われたという『コロナ禍のファッション』に関する女性の意識調査」によると、そのおよそ6割が「外出できない間にファッショントレンドがわかりにくくなった」と答えたのだといいます。人に会わない、人と話さない、外に行かない、街を歩かない、デパートにもショップにも行けない、行かない。すると、トレンドがわからないから何を着たらいいのか、何を選んだらいいのか、わからない……。だから、トレンド迷子。

コロナ禍は、私たちのファッション意識を大きく変えたのだと、改めて痛感させられました。仕事仲間で雑談中、この話をしました。ファッションや美容に関わる職業柄、皆、興味津々。「へーっ」「面白い」「わかる気がする」……。するとうちひとりがひと言。「でもね、『トレンド迷子、万歳!』って、言いたい!」。トレンドの服を着る=お洒落。トレンドを知っている=美意識が高い。そういう感覚を捨てるべきときなんじゃない? と、彼女は続けました。今シーズンはこの色、今シーズンはこのアイテムと追いかけているつもりが、いつの間にか、次は? その次は? と追いかけられている場合がある。トレンドという「鎧」の下で、じつは、知らず知らずのうちに自分が置いてきぼりになっている場合がある。トレンド迷子になった今こそ、そういう自分と、縁を切るチャンス。自分が何を着るとときめくのか、何を着ると落ち着くのか、シンプルに捉えて、本物の「高揚感」と「安心感」と出合うとき……。「トレンド迷子、万歳!」は、そういう意味でした。

ファッションだけではないのだと思います。メイクもヘアスタイルも、自分の見た目を構成するものすべてに対して、もっと自由でいい、もっとユニークでいい。トレンドにせよ、ブランドにせよ、ブームにせよ、自分をがんじがらめにしていたすべてのものから解き放たれたい。トレンド迷子こそが、本当のお洒落、本当の自分らしさへの「第一歩」だと、断言したいのです。

84話

「まだ、全身部屋着のほうが、信用できるよね」

友人のバースデイプレゼントを探しに、久しぶりにあるセレクトショップを訪れたときのこと。ちょうど夏物から秋物に移り変わる時期。両方が混在する店内は「境目」が溶け込んでいて、不思議な気持ちになりました。「シーズンレスアイテムが増えましたね」と女性スタッフに話しかけると、そうですね、と相槌を打ちながら、「それに、家で着られる服がいい、家で洗える服がいいというお声が多くて。だから余計に、その境目が見えないのかもしれません」。コロナ禍によって、メイクよりスキンケア、口元より目元、みたいに美容の消費傾向が変わったと聞いていたけれど、ファッションにおいてもそれは顕著で、そ

の傾向は思いのほか長く続いているのだと、改めて実感しました。撮影中、仕事仲間にこの話をしたところ、スタイリストの女性が「服よりもジュエリーが売れているんだって」と教えてくれました。トレンドに左右される服よりも、エターナルでタイムレスだから？「私もそう思ったの。でも、それより『オンラインで見えるから』が理由なんだって」。服よりジュエリー、ボトムスよりもトップス、見えないところよりも見えるところ。なるほどと納得すると同時に、少しだけ空しい気持ちにもなりました。メイクもファッションも、誰かに向けるのでなく、自分を「エンパワー」するためのもの。未曾有の出来事を経て、そう気づかされたから。まわりも同じことを考えていたようで、もちろん人それぞれという前提で、誰からともなく「トップスにこだわり、ジュエリーをつけて、下半身は部屋着とか、眉や目元のメイクには力を入れて、顔の下半分はリップやチーク、何ならファンデもなし。そんな『見えるところだけ』は、どこか違和感がある」と盛り上がりました。そして……！　「それならまだ、全身部屋着のほうが、信用できるよね」。

見えるところだけ取り繕ったり装ったりする生き方よりも、見えるか見えないかでなく、どうありたいかという基準で、意志ある部屋着、意志あるノーメイクを選ぶ生き方のほうが信用できる……。そう言われた気がしました。自分を見ている自分に嘘のない人でありたいと改めて思います。コロナ禍から解き放たれた、未来もずっと。

たかが服、されど服
〜「装う＝生きる」を知る言葉

「たとえ、スーパーに行くときのファッションでも、考えて選ぶ。だって、そのほうが楽しいでしょう?」。俳優・板谷由夏さんの言葉です。近所に出かけるときも家にいるときも服を楽しめたら、その日が色づくのだと、教えられました。食事に対して、「空腹を満たすため」よりも「自分を楽しませるため」と視点を変えるように、服に対しても同様に。すると、「今日、何を着よう?」と追われて悩むのでなく、「明日、何を着よう?」と想像してときめくようになりました。大げさでなくてもいいと思うのです。ときに諦めることがあってもいいし、まわりに褒められなくたっていい。できるだけ、自分を楽しませる服を。年齢を重ねることで、自分で自分がわかっていく分、むしろその答えは、シンプルになっていくはずです。

8

It's just clothes, but it matters

Words to know "dressing up = living"

おわりに

雑誌『クロワッサン』で連載をスタートしたのが、2018年10月。以来、3年3ヵ月の長きにわたって、日々の「言葉」に向き合うという貴重なチャンスをいただきました。思えばそれは、幸か不幸か、コロナ禍以前からコロナ禍以後へと向かう、今まで経験したことのない「混沌」のとき。だからでしょうか、それまでならするりと滑り落ちていったであろうひと言が、より深く、より鮮やかに私の胸に刻まれ、血となり肉となった気がしています。同時に確信しました。言葉は顔を変える。言葉が顔を作っている、と。

誰しも、当たり前が決して当たり前でないこと、日常が何より愛おしいものであることを再認識させられたはずです。だからこそ、今一度、何気ない言葉の「発信」「受信」に感覚を開きたいと思うのです。選び取り、噛み砕き、味わい尽くしたひと言が今日の顔を作る。それは、眉間にシワが寄る言葉か、頬や口角が上がる言葉なのか。その差が明日の顔、未来の顔を大きく変えていくのだから。

連載の機会を与えてくださったマガジンハウス『クロワッサン』編集長の郡司麻里子さん、ひとつひとつのストーリーに言葉を超える温かい写真を添えてくださった池田保さん、カバーの顔写真を撮影してくださった菊地泰久さん、私を理解したうえで一からデザインをしてくださった柿崎宏和さん、そして、何ものにも代えがたい宝物の一冊を作り上げてくださった藤本容子さん。心から感謝申し上げます。皆の力で「化学変化」が起きたと確信しているこの本が、手に取ってくださった方の心に届きますように。

松本千登世（まつもとちとせ）

フリーエディター、ライター。1964年鳥取県生まれ。 大学卒業後、航空会社の客室乗務員、広告代理店勤務を経て、婦人画報社（現ハースト婦人画報社）に入社。その後、講談社『Grazia』編集部専属エディターなどを経てフリーランスに。美容や人物インタビューを中心に活動。『もう一度大人磨き 綺麗を開く毎日のレッスン 76』（講談社） ほか、著書多数。

初出 『クロワッサン』（マガジンハウス）にて、2018年10月から2021年12月まで毎号連載。
加筆、書きおろしあり。

顔（かお）は言葉（ことば）でできている！

2023年4月26日 第1刷発行

著　　者 松本千登世（まつもとちとせ）

発 行 者 鈴木章一

発 行 所 株式会社 講談社
〒112-8001
東京都文京区音羽2-12-21
電話 03-5395-3814（編集）
03-5395-3606（販売）
03-5395-3615（業務）

印 刷 所 大日本印刷株式会社
製 本 所 株式会社国宝社

写真 池田保、菊地泰久（vale.）
装丁 柿崎宏和（The Graphic Service inc.）

ISBN978-4-06-532046-4